中学科技创新课程建设

以合肥一中为例

汤磊◎著

安徽师范大学出版社

ANHUI NORMAL UNIVERSITY PRESS

·芜湖·

图书在版编目（CIP）数据

中学科技创新课程建设：以合肥一中为例 / 汤磊著.

芜湖：安徽师范大学出版社, 2025. 7. -- ISBN 978-7
-5676-7264-2

Ⅰ. G632.3

中国国家版本馆CIP数据核字第2025TW8338号

中学科技创新课程建设：以合肥一中为例　　　　汤　磊◎著

ZHONGXUE KEJI CHUANGXIN KECHENG JIANSHE YI HEFEI YIZHONG WEILI

责任编辑：吴毛顺　　　　　　责任校对：汪　元

装帧设计：王晴晴　冯君君　　责任印制：桑国磊

出版发行：安徽师范大学出版社

　　　　　芜湖市北京中路2号安徽师范大学赭山校区

网　　　址：https://press.ahnu.edu.cn

发 行 部：0553-3883578　5910327　5910310（传真）

印　　刷：安徽联众印刷有限公司

版　　次：2025年7月第1版

印　　次：2025年7月第1次印刷

规　　格：700 mm × 1000 mm　1/16

印　　张：12.5

字　　数：180千字

书　　号：978-7-5676-7264-2

定　　价：56.00元

凡发现图书有质量问题，请与我社联系（联系电话：0553-5910315）

序

知行创合一

　　合肥一中科技创新团队秉持"知行合一"和不断创新的精神，致力于培养学生的创新精神和实践能力。学校坚守"知为基、行为本、创为魂"的教育理念，在30多年的创新实践活动中，形成了风格鲜明的"知·行·创"科技创新课程体系。通过这一课程体系，锻造了一支优秀的科技辅导员团队，培育了一大批热爱科学、追求真理的科学探索者，并塑造了优良的创新文化。为了总结课程建设的成果，汤磊同志主持编写了本书，并嘱托我撰写序言。虽然我深知自己才疏学浅，但更感到义不容辞。经过深思熟虑，我决定简要分享几点个人的感想。

　　科技创新课程建设：是与学校文化培育相互融合、相互促进的过程。

　　秉承"全面施教、广育英才"的办学理念，学校致力于勤研善教、启智育人的教学风格，以及勤、恒、严、实、活的学习风气。这些优良的学校文化特质为科技创新活动营造了极佳的氛围。学校鼓励自主共学、知行合一，倡导亲身实践、创新争先，优良的创新氛围不断滋养和推动科技创新课程的建设与发展。

　　科技创新活动的开展显著提升了学生的创新意识和实践能力，促进了学生全面而有个性的发展，同时丰富并培育了学校知行合一的文化底蕴。作者通过讲述创新实践故事，生动地阐释了真正的知行合一的含义，以及教育工作者应承担的责任与使命。

科技创新课程建设：是一个开放共享、不断迭代升级的优化过程。

本书不仅记录了作者及其同事在科技创新教育实践中积累的宝贵经验，更是对教育未来改革方向的深刻洞察。通过这些案例，我们深入思考中学科技创新教育的核心内涵，探索如何激发学生的创造潜能，如何融入创新元素，以及如何构建知行合一的教育机制。作者分析了中学科技创新课程建设的成功案例与所面临的挑战，展示了一个理论与实践相结合的教育改革过程。科技创新实践课程的建设是一个持续发展的过程，从初创到完善，通过课程设计、教学方法、评价体系等方面的创新实践，作者以严谨的学术态度和对科学教育的热忱，提供了一个全面、系统的科技创新课程建设框架，让我们能更深刻地理解这些改革背后所体现的教育理念和价值追求。

科技创新课程建设：是一个理实相融、持续深入的研究过程。

在课程建设的过程中，师生共同学习、共同成长，孕育出一个充满活力的科学教育课程教学研究生态。课程的开发与建设始终以问题为导向，将实际问题提炼为研究课题，并组织团队进行深入研究。由于科技创新课程的建设需要理论与实践的紧密结合，因此，研究团队在科学理论的基础上不断推进课程开发。作为主持人，汤磊负责省级重大课题"普通高中科技教育赋能拔尖创新人才早期培养的实践研究"项目，通过实践研究，对科技创新实践课程的建设进行了系统性的总结和理论上的提升。基于这些成果，我相信这将激发更多教育工作者参与到创新教育的理论研究和实践探索中，共同促进我国中学教育的改革与进步。

科技创新课程建设者：是一个薪火相传的学习共同体。

作为一位科技辅导员，我时常回忆起与大家共同参与科技活动的美好时光。合肥一中的科技创新实践活动历史悠久，薪火相传已超过30年。在我们的团队中，有像鲁先法这样锐意进取、勇于创新的同志，有像钱晨这样孜孜不倦、诲人不倦的导师，还有在生物学领域取得卓越成就的金牌教练王钢同志。此外，我们还培养了一大批思维活跃、积极向上的青年才俊……特别地，在这个团队中，学生是科技创新实践活动的核心。他们不仅是学习体验者，更是学校科技创新课程建设中不可或缺的重要力量。

本书作者汤磊同志，作为学校科创实验中心的负责人，团结并带领全省的优秀科技辅导员，开展课题研究，组建名师工作室，组织开发课程。在科技创新实践活动和机器人竞赛等领域，我们取得了令人瞩目的成绩。本书中分享的一些成功案例，为一线高中教师如何扎实开展科技创新教育提供了宝贵的启示。

本书汇集了丰富的实践案例和卓越的理论研究成果，为科技教育工作者、学校教育管理者以及关注教育改革的人士提供了宝贵的阅读材料。来吧，让我们一起翻开这本书，深入探索中学知行合一、创新改革的那些令人瞩目的可能性吧！

谨以此序向在科技教育战线辛勤耕耘的老师们致以崇高的敬意！

方小培

前　言

当今时代，科技创新已成为推动社会进步的核心动力。作为培养创新人才的重要基石，科技创新教育承担着为国家和社会培育未来科技领军人才的重任。合肥一中作为安徽省首批重点中学和首批省级示范学校，始终站在教育改革的前沿，积极探索科技创新教育课程建设，致力于为学生提供优质的科技教育资源和创新实践平台。

回顾合肥一中科技创新教育的发展历程，自1993年起，学校便开始创造条件，探索实施科技创新教育。学校将陶行知创造教育思想与"全面施教、广育英才"的办学理念相融合，开启了科技创新教育课程建设的征程。30多年来，学校坚持开展科技创新实践探索，不断积累经验，逐步形成了一套具有特色的科技教育课程体系，为创新人才的早期培养奠定了坚实基础。

在科技创新课程建设的实践过程中，合肥一中注重立足学生的全面发展，以培养学生的创新精神和实践能力为核心目标。学校充分认识到，科技创新教育不仅仅是传授科学知识和技术技能，更重要的是激发学生对科技的兴趣，培养他们的科学思维、探究精神和团队合作能力，使学生在科技学习中学会发现问题、解决问题，进而提升综合素质，为未来的学习和工作储备创新能量。

本书以合肥一中科技创新课程建设的实践和探索为主题，详细阐述了学校在课程目标、课程体系、教学方法、教师队伍建设、课程评价等方面的具体做法和经验成果。

通过本书，我们希望能够为广大科技创新教育工作者提供有益的参考和借鉴，共同推动我国中学科技创新课程的建设，为培养更多具有创新能力和科学素养的人才贡献一份力量。

我们期待共同开启一场永不落幕的关于科技创新课程建设的探索之旅，走进合肥一中的科技创新教育世界，感受科技与教育融合的魅力与活力。

目 录

第1章

中学科技创新课程建设概述

时代的演进离不开科技创新与教育发展的推动,教育成为培育创新型人才的基础途径。1988年9月,邓小平指出:"马克思说过,科学技术是生产力,事实证明这话讲得很对。依我看,科学技术是第一生产力。"习近平总书记指出,"好奇心是人的天性,对科学兴趣的引导和培养要从娃娃抓起,使他们更多了解科学知识,掌握科学方法,形成一大批具备科学家潜质的青少年群体。"科技迅猛发展,社会对科技的需求日益迫切,实施科技创新教育已成为我国社会发展的必然要求。

1.1 中学科技创新课程建设问题分析

现代社会科技发展日新月异,科技创新教育不断深入。近几十年来,我国的科技创新教育不断发展,成效显著,但也存在一些问题,主要表现在现有的科技创新课程已难以满足创新人才培养的需求,一些突出问题亟待突破与解决。

1.1.1 科技创新教育存在的问题

现阶段,科技创新教育一定程度上表现出窄化和虚化现象,对学生的科学精神与创新实践能力培养系统性不足,课程供给短缺,还不能适应社会的进步和科技的发展。尽管科技创新教育至关重要,但受传统观念影响，许多家长、教师以及部分学校领导，将中学阶段的学习重心置于语文、数学、英语等学科，视科技创新课程为附加特色课程，使得科技创新课程教师的工作价值未能得到充分体现，科技创新课程受学校的重视程度不够，执行效果面临巨大挑战。此外，高等师范院校未充分承担起培养中学科技创新课程教师的责任。

应试教育导致科技创新课程价值观呈现一定的功利主义特征，过分追求升学效益。学生在科技创新课程学习中过于注重结果与知识结论，忽视知识发现过程的探索，学习方式仍以接受式和机械训练为主。同时，教师采用"讲授式""填鸭式""灌输式"等教学方法比较普遍，致使学生仍以被动消极的态度学习。功利主义的科技创新课程观强调知识价值，忽视科技创新教育本质，对学生的科技创新思维训练与方法教育不足，导致学生无法理解科学本质，科技创新素养全面提升受阻，实践能力与创造力不足。

1.1.2 科技创新课程研究有待加强

科技创新课程的内容、实施路径、教育评价等方面缺乏规范设计，科技创新课程教学的科学性、逻辑性、实践性不足，降低了科技创新人才培养的效益。在国际科技创新教育领域，《科学与教育》（*Science & Education*）期刊曾刊载一篇论文，对1982年至2022年40年间的国际科学教育研究（Science Education Research，SER）文章数量进行了统计。统计结果显示，8个国家和地区贡献了SER论文总数的80.21%，分别为美国、英国、澳大利亚、土耳其、加拿大、德国、以色列以及中国台湾地区，其中美国贡献最多（43.50%）。尽管中国大陆近年来在国际高水平科技创新教育期刊发表学术论文数量持续上升，但与发达国家相比仍有较大差距，反映出我国科技创新教育研究水平总体不高。

国际上著名的科技创新教育期刊有10多种，如《科学教学研究杂志》（*Journal of Research in Science Teaching*）、《国际科学教育杂志》（*Interna-*

tional Journal of Science Education），而我国至今尚未有综合性的科技创新教育研究期刊，这对我国科技创新教育研究事业的发展产生了严重影响。在人才培养源头方面，我国高校培养的科技创新教育博士等高层次人才数量较少，招生单位及每年招生数量亦偏低，导致我国科技创新教育领域高级人才短缺，这也是影响我国科技创新教育研究水平的关键因素。

科技创新课程研究水平不高导致课程内容设计存在不科学、不合理的现象，部分课程设计缺乏前瞻性和实践性，因而难以有效培养学生的创新思维和问题解决能力。此外，课程目标设定不明确，教学方法单调，缺乏多样性和实践性，这些都可能降低学生的学习效果和兴趣。同时，课程评价体系需要完善，目前评价方式过于单一，无法全面客观地评估学生的科技创新能力，且缺乏有效的反馈机制和改进措施。另外，教师在科技创新方面的专业知识和实践经验不足，这在一定程度上影响了他们引导学生参与科技创新实践的能力。最后，课程缺乏实际操作和项目实践环节，导致学生难以将理论知识应用于实际，从而降低了课程的实用性和学生的学习兴趣。

1.1.3 科技创新课程资源不足

我国科技创新教育在空间和设施方面存在局限，项目联动及资源共享意识不足，导致资源效益未能最大化，无法满足教育教学需求。科技创新教育功能室是推动科学探究和创新实践活动的重要基地，对于塑造学生科学观念、思维，传授科技创新方法，传播科技创新精神，培育初步科技探究及技术与工程实践能力，理解科技创新本质，培养科学态度和社会责任感，激发青少年科学好奇心及梦想，提升青少年科学核心素养等，具有不可或缺的作用。调查显示，部分学校尤其是农村地区学校，科技创新功能室数量严重不足（有的甚至无功能室），设备及器材陈旧落后，无法满足科技创新教育教学需求，导致科技创新课程沦为"讲科学"和"听科技"，而非"做科技"。另外，部分拥有功能室的学校缺少专业实验员，致使其管理薄弱，增加了教师工作负担，进而影响教学质量。

调查数据显示，教师对科技创新课程资源满足教学需求的评价仅处于"基本满足"至"较好满足"之间，对科技创新功能室满足教学需求的评价则在"不能满足"至"基本满足"之间。这些问题严重制约了科技创新课程的顺利推进，影响了学生亲身体验科技发现过程，阻碍了学生主动建构创新知识，降低了学生掌握创新方法及培养其创新思维能力，进而影响了学生创新精神和实践能力的提升。

1.1.4 科技创新课程协同育人机制不够完善

中学科技创新教育领域师资力量较薄弱，教学团队组建不够严谨，缺少高等教育机构的引领与合作，协同育人机制尚不够完善，专业研究深度不足，教师成长因此受到一定限制。据调查，目前我国科技创新课程专职教师严重不足，具备创新教育或理工科背景的教师更是稀缺。各地区之间师资力量分布不平衡，欠发达地区、少数民族地区和农村地区的状况更为严峻。大部分科技创新课程教师由其他学科背景的教师兼任，如语文、体育、艺术等学科教师。由于科技创新课程师资短缺，许多学校的科技创新课程沦为摆设，严重影响课程的正常实施，进而削弱学生科学核心素养的提升。

1.2 合肥一中科技创新课程建设

合肥市第一中学（以下简称合肥一中）是安徽省首批重点中学、首批省级示范高中，其科技教育特色鲜明。自1993年起，学校便积极创造条件，面向全体学生实施科技创新教育。科技创新课程以点带面，规模由小渐大，学生科学探究精神和科技创新意识得到良好培育。学校强化科技创新课程基地建设，形成了"知·行·创"的课程理念，明确了课程目标、课程设置及课程内容，并探索出实施路径、管理及评价方式等。

学校致力于面向全体学生全面推进科技创新课程的实施，深入推进"星火计划"，强调过程管理，实施学分化考核，以进一步优化和完善科技创新教育，并在新疆皮山高级中学等学校推广，发挥了示范引领作用，推动了区域科技创新教育的发展，有效提升了学生核心素养。

1.2.1　合肥一中科技创新课程建设实践路径

自1993年伊始，合肥一中基于问题驱动、目标引领，在安徽省率先开展创新型人才早期培养研究，探索中学科技创新课程建设实践路径（图1-2-1），体现合肥一中"全面施教、广育英才"的办学思想，彰显学校的科技创新教育特色。

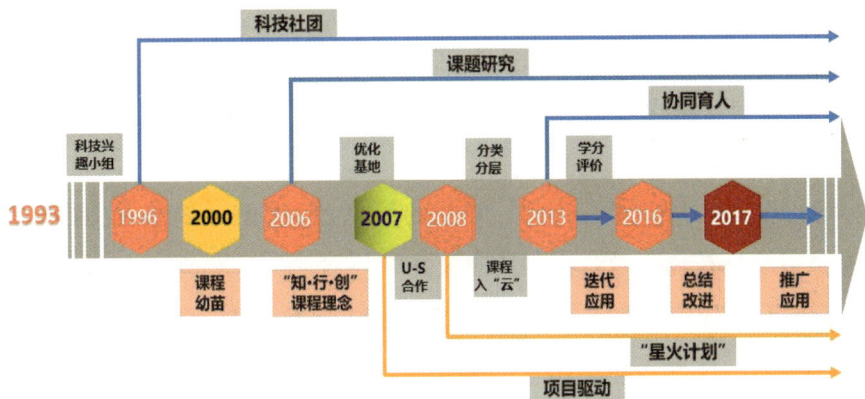

图1-2-1　合肥一中科技创新课程建设实践路径

1.科技创新课程建设发展阶段

第一阶段为奠基期，种下课程的幼苗（1993—2005）。1993年，学校组建科技兴趣小组，小规模开展科技创新活动。1996年，学校成立多个科技社团，扩大活动面，聘请专业教师指导，基于日益紧迫的中学生创新能力培养需求，课程种子得以发芽。2000年起，科技创新课程建设逐步推进，从感性认知向理性行动迈进。

第二阶段为成长期，课程建设稳步推进（2006—2012）。2006年，安徽省启动新一轮课程改革，合肥一中在专家指导下，将陶行知创造教育思想与学校办学理念相结合，构建了"知·行·创"科技创新课程理念，搭建科技创新课程体系框架，开发出一系列分层分类课程，实施"星火计划"，科技创新课程建设稳步推进。

第三阶段为成熟期，课程建设日渐成熟（2013—2017）。学校深度推进"星火计划"，线上线下混合教学，分层分趣，选课走班，学分化评价；高校专家参与教学，"双师"协同育人；不断丰富和完善科技创新课程，系统提炼总结，形成经验成果。

第四阶段为深化期，课程建设成果广泛辐射（2018—）。学校充分发挥课程示范引领作用，将科技创新教育"自我经验"迁移为"他人经验"，在安徽合肥、阜阳、安庆，甘肃兰州，新疆皮山等100多所学校推广实施，反响热烈，社会效益显著。

2.科技创新课程建设实践路径

（1）目标导向，理念指引实践行动。

陶行知先生是"知行合一"思想的倡导者和践行者，他的创造教育思想对中学科技创新教育产生了重要影响。合肥一中创立于1902年（由李鸿章之子李经方创办），秉持"全面施教、广育英才"的办学理念，历经百二十年，培养了包括诺贝尔物理学奖获得者杨振宁在内的众多杰出校友。

学校将陶行知的创造教育思想与"全面施教、广育英才"的办学理念相结合，创新性地提出了"知·行·创"科技创新课程理念，以指导科技创新教育实践（图1-2-2）。

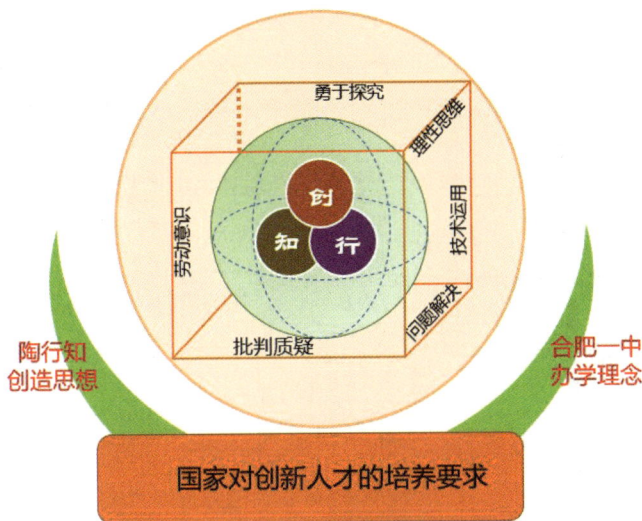

图 1-2-2 课程理念引领科技创新教育

（2）循序渐进，构建科技创新课程体系。

①强化课题研究，筑牢课程体系根基。近些年，合肥一中先后完成了安徽省教育信息技术研究课题"PBL教学模式下STEAM教育实践研究""中学生科技创新实践活动的校本化教学与研究"，安徽省教育科学规划课题"中小学信息技术课程中机器人教学内容研究资源开发""实施STEAM课程发展学生核心素养研究"等，取得了丰富的科技创新教育教学理论和实践成果。

STEAM教育在我国迅速崛起，它倡导跨学科整合，有助于打破学科界限，培养学生的跨学科思维、科学素养和创新能力，从而成为国内外关注的新兴研究领域。STEAM教育涵盖了科学、技术、工程、艺术和数学等学科知识，旨在提升学生的学术探究能力、高阶思维技能和合作学习能力。随着STEAM教育的深入推进，教师对其教学策略的研究日益深入，PBL教学模式在STEAM教育中展现出广泛的应用前景，如图1-2-3所示。本研究试图以STEAM课堂教学知识为基础，构建"六段式"STEAM项目式教学模式，引导学生在自主学习、实践探究、团队合作的过程中，设计并制作出可应用于现实的成果。

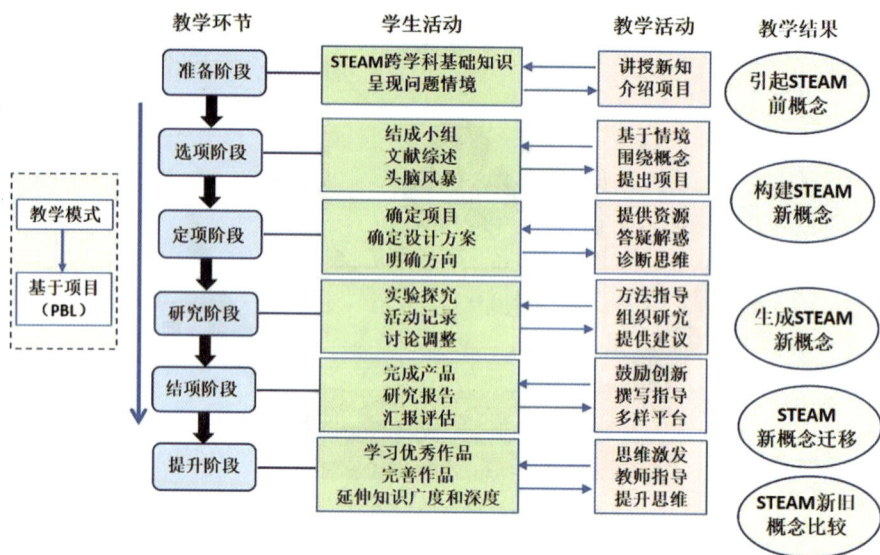

教学环节	学生活动	教学活动	教学结果
准备阶段	STEAM跨学科基础知识 呈现问题情境	讲授新知 介绍项目	引起STEAM前概念
选项阶段	结成小组 文献综述 头脑风暴	基于情境 围绕概念 提出项目	构建STEAM新概念
定项阶段	确定项目 确定设计方案 明确方向	提供资源 答疑解惑 诊断思维	
研究阶段	实验探究 活动记录 讨论调整	方法指导 组织研究 提供建议	生成STEAM新概念
结项阶段	完成产品 研究报告 汇报评估	鼓励创新 撰写指导 多样平台	STEAM新概念迁移
提升阶段	学习优秀作品 完善作品 延伸知识广度和深度	思维激发 教师指导 提升思维	STEAM新旧概念比较

教学模式 → 基于项目（PBL）

图 1-2-3　面向 STEAM 教育的"六段式"教学流程

　　安徽省教育信息技术研究课题"中学生科技创新实践活动的校本化教学与研究"顺利结题，达成预设目标。研究过程中，积累了丰富的科技创新实践活动教学经验，形成了与课题相关的研究成果，包括科技创新实践活动系列校本教材、典型课例集（微课、录像课）、学生成长记录、学生实践活动成果展示等。教师与学生共同撰写的课题研究成果在省级以上论文评比中获奖，并在专业期刊上发表。自课题实施以来，科技创新实践活动扎实推进。课题组探索出了一套适合科技创新实践活动开展的教学方式，并开发了相应的教学资源，为其他学校开展科技创新实践活动的校本化教学提供了有益的借鉴。课题研究增强了学生的主体意识，激发了学生的科技创新热情，取得了丰硕的成果。学生在机器人、科技创新、无线电、航模、创客、无人机等国际、全国比赛中屡获一、二等奖。科技创新实践活动提升了学生的综合素养，得到多所高校的认可与青睐，许多学生因此被国内外知名高校录取。课题研究过程中，课题组培养了一批热衷于实践、勇于探索、善于总结的科技创新教育教师，为科技创新教育发展做出了积极贡献。

安徽省教育科学规划课题"中小学信息技术课程中机器人教学内容研究资源开发"研究显示，在安徽省教育厅和安徽省科学技术协会的指导下，各类机器人比赛已广泛深入全省众多中小学，激发了广大师生参与的热情。越来越多的中小学校纷纷成立机器人课外兴趣小组或科技活动小组，为机器人教育进入课堂奠定了基础。机器人教育不仅将机器人视为学习对象，更将其视为提升学生综合素质、灵活运用知识的工具，使其成为培养学生创新精神和实践能力的有效载体及重要途径。机器人教育的目标在于提升学生信息素养和技术素养，培养创新精神和实践能力，促进学生德、智、体、美、劳全面发展。在中小学阶段开展机器人教育，为信息技术学科注入了新的活力。本课题从课程体系角度出发，将机器人教育视为中小学信息技术课程体系的一部分，深入研究中小学机器人教育内容并开发相应资源，为广大中小学校开设机器人课程提供条件和依据。依据《普通高中信息技术课程标准》和《中小学信息技术课程纲要》的精神，本课题致力于开发适用于中小学校的机器人教育内容，挖掘机器人课堂教学案例，研究中小学机器人教育教学方法，以及开发机器人教育资源。

安徽省教育科学规划重点课题"实施STEAM课程发展学生核心素养研究"旨在在校本课程中推广STEAM教育，实现多学科融合，为高中一、二年级学生提供以真实问题为情境的课程活动，以期达到让学生认知真实世界，同时在表达、交流和沟通方面提升能力，于实践活动中获得情感体验，培养具有创造力、适应团队合作并能提出解决方案的人才，全面提高学生在知识、能力和情感方面的核心素养。针对教师，课题组提供多样化、持续性的进修机会，着重提升教师的跨学科教学能力，关注教师课堂教学组织与过程，以整合教学方式培养学生掌握知识和技能，提升学生作品的艺术性和美感，并能使教师在教学过程中灵活迁移应用，解决真实情境的问题。学校层面，课题研究推动学科课堂教学改革，丰富和创新人才培养模式，营造创新校园环境，制定学校STEAM课程改革整体方案，将STEAM课程融入学校课程体系，努力打造STEAM教育特色学校。同时，利用省会科技人才和教育资源优势，结合社会资源，将研究成果向全省辐射，发挥示范带动作用。

当前高中阶段，很多学校或教师往往过于关注分数和升学，而忽略了培养学生的创新思维和实践能力。合肥市教育科学规划课题"基于科技创新活动的高中生创新思维和实践能力培养的实践研究"成果显示，我国国家层面上的法规和文件均从顶层设计出发，强调培养学生的创新精神、创新思维和实践能力。2016年9月发布的《中国学生发展核心素养》提出，以培养"全面发展的人"为核心，实践创新成为中国学生发展的六大核心素养之一。本课题研究以合肥一中为研究对象，探讨科技创新活动对学生创新思维和实践能力的培养方式、途径及成效，进一步研究如何从活动到课程，从课程到活动，从活动到竞赛，从竞赛到活动，多维度、全方位地开展科技创新教育实践与研究，构建完整的通过科技创新活动培养学生创新思维和实践能力的教育体系，以期更好地培养学生的创新思维和实践能力。

学校相关项目组对这些研究课题和项目进行了全面而深入的分析，对各类信息进行梳理、比对和总结，坚持理论引领和实践检验的原则，以求真、全面、深入地理解科技创新教育的本质和规律，揭示科技创新教育与立德树人根本任务和新时代育人方式改革之间的内在关系。通过对这些研究课题和项目的分析，项目组逐渐厘清了科技创新教育在立德树人根本任务和新时代育人方式改革中的关键地位和作用。

②丰富课程内容，搭建课程体系框架。合肥一中已建立起相对成熟的科技创新课程开发机制，基本达到课程目标明确、内容丰富、形式拓展、实践强化，逐步形成了"学科必修课程、科技社团课程、基地项目课程、U-S协同课程"四大课程类别及"基础型课程、拓展型课程、研

究型课程"三大分层结构。为实现此目标,学校积极构建了课程开发机制,全面规划和设计课程。

一是课程目标明确,旨在培养学生的基本科学素养、实践能力和创新精神。在课程设置中,强调学生运用所学知识解决实际问题,不断提升创新能力。

二是课程内容丰富,涵盖基础科学知识、前沿科技动态和实用技能培训。丰富多样的课程内容有助于学生全面了解科技发展最新成果,为创新实践奠定基础。

三是课程形式拓展,包括科技社团、实践基地、校企合作等多种形式。灵活的课程形式有助于激发学生学习兴趣,提升实践能力。

四是课程实践强化,注重学生动手实践,鼓励学生参与科研项目和创新比赛。实际操作让学生将理论知识与实践相结合,提升创新能力和实践技能。

层次分明、结构清晰的课程体系为学生提供全方位、多层次的学习选择,助力他们在科技创新道路上不断前进。学校科技创新课程通过明确课程目标、丰富课程内容、拓展课程形式和强化课程实践等举措,为学生创造了充满活力和创新氛围的学习环境。在此环境中,学生可充分发挥潜能,培养其创新精神和实践能力,为我国科技事业发展贡献力量。

③锻造课程品质,提升课程"学术味"。科技创新课程强化理论与实践相结合,这一理念得到了多轮实际使用的检验,使课程内容得以不断迭代和完善。在这个过程中,课程品质得到了有效保障。为了进一步提高课程的科学性、理论性和系统性,在专家的指导下,学校组织教师对课程进行了严谨的提炼。这样的努力使得课程不仅具有实践价值,还具有更高的"学术味",课程的科学性、理论性和系统性得到了进一步提升。

(3)"星火计划",课程实施惠及广大学生。

合肥一中实施科技创新教育"星火计划",科技创新课程以"知·

行·创"理念为指导，聚焦中学生科学精神和实践创新能力提升。学校探索课程实施方法和模式，实现个性化、规模化和系统化培养。

①统筹资源，发挥聚合效益。2007年，学校按照统筹规划的原则，整合校内各类科技创新教育资源，以实现集群效应。为提升学校科技创新基地的建设水平，学校设立专项资金，以确保高标准、高质量地优化基地设施。同时，学校制定《合肥市第一中学科技创新功能活动室管理办法》与《合肥市第一中学科技创新教育工作职责》，推动科技创新资源"共管、共用、共享"，以实现效益最大化。

②选课走班，分层分类施教。自2008年起，学校启动了科技创新教育"星火计划"，采取"普惠+拔尖"的培养模式，坚持以学生为本的原则，实行选课走班，分层分类教学。同时，学校实施学分化评价，积极探讨构建过程与结果并重的多元化评价体系。

③混合教学，课程入云。2013年，以学校"智慧学院"网上学习平台为载体，采取线上线下相融合的方式，多种形式进行教学。

④凝聚力量，打造成长共同体。在科技辅导员、校友学长的指导与支持下，学校构建了一个以学生为核心的科技创新学习共同体。该共同体拥有共同的目标愿景，成员们怀有强烈的集体荣誉感和自我提升的愿望，致力于创新实践、团结互助的文化认同。历经30年"知·行·创"的实践，共同体培养了一批又一批优秀校友。他们响应母校的召唤，传承母校的科创文化，引领和激励学生，极大地提升了学生的学习力，激发了师生的创造力和实践力。如图1-2-4所示，学校邀请了中国科学技术大学机器人队原队长李一恒（荣获中国科学技术大学郭沫若奖学金）同学，中国青少年机器人竞赛冠军成员香港科技大学冯子涵同学，以及因机器人竞赛成绩突出而保送至同济大学的张至诚同学，开展机器人竞赛新老队员交流活动，活动现场气氛热烈，取得了良好的效果。

图1-2-4　新老队员经验交流会

　　⑤U-S合作，协同育人。学校高度重视与知名高校的合作与交流，为进一步提高科技创新教育教学质量和培养具有创新能力的人才，学校与中国科学技术大学、北京航空航天大学、北京理工大学等建立了长期稳定的交流与合作关系。通过合作，学校得以引入优质的教育资源，并形成了独特的U-S（大学—中学）合作机制。在这种合作机制中，高校科研人员担任兼职教师，参与学校的教学工作，将高校的先进科研理念和严谨的学术态度带入中学课堂。这种方式不仅拓宽了学生的知识视野，培育了学生的学术素养，还激发了他们对科研的兴趣和热情。与此同时，学校教师有机会与高校科研人员共同开展课题研究，提升自身的专业能力和教育教学水平。通过与高校的深度合作，学校在人才培养方面取得了显著成果。学生在学术竞赛、科技创新等方面表现优异，获得了诸多荣誉。此外，学校还积极推动学生赴合作高校交流学习，为未来发展奠定坚实基础。U-S合作机制的建立，使学校在科技创新教育改革和创新人才培养方面取得了突破性进展。学校将进一步与国际知名高校建立合作关系，拓宽合作领域，借鉴先进的教育理念，推动科技创新教育的繁荣发展。图1-2-5是北京理工大学与合肥一中合办的机器人创新体验联合实验室。

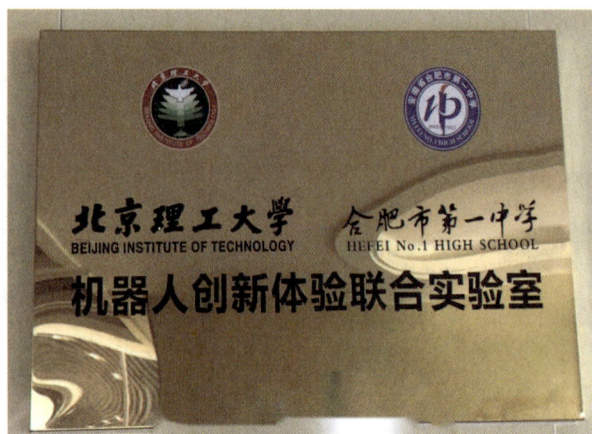

图 1-2-5　机器人创新体验联合实验室

（4）示范引领，辐射科技创新课程建设成果。

在育人方法创新、课程体系建设、课程资源开发以及课程实施策略等方面，我们不断归纳和提炼成功的经验与成果，通过多样化的活动形式加以普及推广。截至2023年8月，已在新疆皮山县、阜阳、桐城等100多所学校推广了"知·行·创"科技创新教育理论与模式；在合肥、阜阳、亳州等地进行了数十次示范推介，对全省400余名科技竞赛教练员进行了专题培训；通过"科普进乡村""科技专家服务基层志愿行""全省科技教练员研讨会"等系列活动进行巡回推广；在社区举办了大型科普活动50余次，并在中国科学技术大学、安徽师范大学、安徽省广播电视大学等多所高校进行了研讨推介。

此外，我们还与中国科技大学、安徽省青少年科技活动中心、合肥市创造学会共同举办了九届安徽省科学探索夏令营，仅此一项活动便惠及全省6000多名优秀学子。四川达州科技创新教育教师来合肥一中进行跟岗学习，省内外众多中学来学校交流、参观、学习，汲取经验。各类科技创新教育推广活动覆盖数十万人，反响积极，产生了显著的社会效益。

1.2.2　合肥一中开展科技创新活动概览

20世纪90年代，合肥一中开始组织学生参加全国青少年生物百项科技活动（后更名为"全国青少年生物和环境科学实践活动"）、全国青少年科技创新大赛（China Adolescents Science & Technology Innovation Contest，CASTIC）等。

自2002年起，学校已成功举办22届年度科技节。科技节活动内容丰富多样，涵盖科普宣传、知识竞赛、科学小制作、小发明、小论文、科普讲座、四驱车大赛、电脑装机大赛、科学知识竞猜、火箭制作发射实验、科技大篷车进校园等。

2000—2012年，学校广泛开展学生科技活动，取得了显著成果。在全国青少年生物和环境科学实践活动中，荣获全国一等奖一项、二等奖一项、三等奖四项、全国优秀组织奖一项，以及省级奖项数项；在全国青少年科技创新大赛中，荣获全国二等奖二项、优秀组织奖一项，以及省级奖项数项。在此期间，一名教师荣获第九届全国青少年科技辅导员论文评比二等奖，一人被授予省优秀青少年科技辅导员称号。这些荣誉充分展示了学校在科技创新教育领域所取得的卓越成绩。

1.合肥一中机器人队

2003年，在学校的大力支持下，方小培老师发挥自身优势，主动组建了合肥一中机器人社团；次年，成功组建合肥一中机器人队（图1-2-6）。当时，机器人尚属新鲜事物，机器人搭建、程序设计等诸多方面均处于摸索阶段。在此背景下，方小培老师带领队员不懈钻研，勤奋实践，夜以继日地开展机器人相关项目训练。机器人项目涵盖工程、信息技术等多个学科，方小培老师带领同学们在实践中学习、在学习中实践，他指导学生自主设计制作的"防暴机器人"赢得了专家好评。方小培老师将地理学相关知识融入工程设计，指导学生制作的"向日葵太阳能机器人"荣获全国二等奖；2008年，他指导的"头驱动鼠标"项目荣获全国金奖。2005—2008年的安徽省青少年机器人竞赛中，合肥一中机器人代表队连续三年夺得青少年机器人高中组比赛项目的第一名。这四年中，安徽省青少年机器人竞赛高中组的比赛项目共有20个，合肥一中机器人代表队荣获其中19项第一名。

图1-2-6　合肥一中机器人队LOGO

目前，合肥一中机器人活动取得了显著的发展，辅导教师的技术水平大幅提升，学生在活动中得到了锻炼。在全国电脑机器人竞赛中，合肥一中多次斩获金牌、银牌，代表中国参加国际比赛，取得辉煌成绩。在此期间，学生与国内外众多优秀学子结下了深厚友谊。

2010年，合肥一中机器人团队编写的机器人项目校本教材荣获合肥市优秀校本教材评比一等奖。同年，学校因科技创新教育成果显著，荣获安徽省唯一的"全国电脑机器人教育实验学校"（高中，铜牌）。

合肥一中推行课程选修制度，建设机器人活动室，开展特色教育，以榜样力量引领发展，充分发挥领头羊作用。为确保学生科学素质的培养质量，合肥一中将电脑机器人教育确立为学校特色教育的重要组成部分，并推动一大批学校开展电脑机器人教育，共同营造出合肥市、安徽省电脑机器人活动的繁荣景象。

2.合肥一中航空、航天、电子制作模型队

2009年6月，合肥一中航空、航天、电子制作模型队成立。为全面指导合肥一中航空、航天、电子模型队的组建工作，学校聘请了合肥市第五十五中学王建明老师为科技体育的客座教授，合肥一中卢进玉老师担任航模队主教练。

3. 合肥一中无线电测向队

2011年3月，合肥一中无线电测向队成立。无线电测向运动作为科技体育项目之一，是无线电活动的主要内容。无线电测向运动是寻找能发射电波的小型信号源（即发射机），是现代无线通信技术与传统捉迷藏游戏的完美结合。参与此项活动，除了要进行体能训练外，还需要掌握无线电相关知识，学会使用测向机或其他电子制作技能，这无疑将丰富和拓展课堂知识，激发学生学习兴趣。无线电测向运动充分体现了理论与实践、动手与动脑、室内与户外、体能与智力的结合，是科技、健身、休闲、娱乐的有机融合。

无线电测向运动过程：在优美的野外环境中，如旷野、丛林、近郊公园等，预先藏匿数部信号源，并定时发送规定的电报信号。参与者手执无线电测向机，探测隐蔽电台的方向，以徒步方式行进一定距离，迅速、准确地逐一寻找出这些信号源。在规定时间内，寻找到指定台数且用时较短者获胜。通常，我们将巧妙隐藏的信号源喻为"狡猾的狐狸"，因此该项运动又被称为无线电"猎狐"。

4. 合肥一中单片机兴趣小组

单片机课程是电子科学与技术、电子信息工程专业及电气自动化专业开设的课程。它是现代电子工程领域迅速发展的技术，目前在科学技术发展中仍具有较高热度，掌握单片机及其设计应用技术已成为电子类专业学生必备技能。后续课程包括计算机控制、智能化仪器仪表、数控机床等。

自2014年起，学校聘请合肥市创造学会秘书长、单片机课程专家张建军担任外聘导师。通过本课程的学习，学生将深入理解和掌握单片机应用系统设计的基本理论、基础知识和基本技能，学会单片机应用系统及其主要资源的设计、单片机C语言编程方法和调试方法，了解单片机在测量、控制等领域的应用，培养其创新精神和实践能力，为未来从事电子等相关专业工作奠定坚实基础。

5. 合肥一中创客空间社团

2017年，合肥一中创建了创客活动室，为学生提供一个创新实践的场所。在这个平台上，学生运用各类开源硬件平台，将软件与硬件相结合，并运用现代化技术（如3D打印）将学生的创意付诸实践，更好地激发学生创新精神。

图1-2-7是学生开发的增强现实无人机，它能够创建出真实的驾驶舱环境，让操控者体验飞行的乐趣。在飞行过程中，无人机能够自主控制飞行姿态，并将摄像头捕捉的实时画面传输给操控者。通过学生开发的Dream AR手机应用程序和虚拟现实（VR）眼镜，操控者可以感受飞行的实时画面。

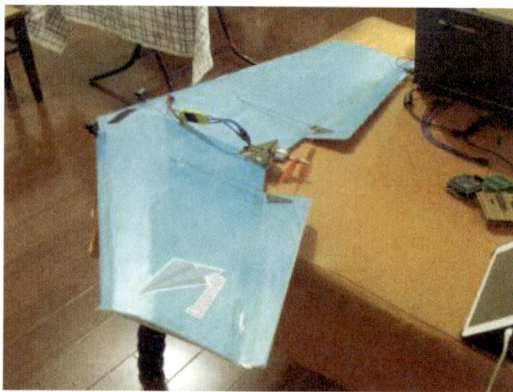

图1-2-7　Dream AR增强现实无人机

随后，学校各类科技创新兴趣小组陆续成立，成功开发了创意木工课程、地理科学探究课程、App Inventer开发入门课程、结构之美课程、能源与环境创新设计课程、科研可视化：量子化学课程、C++计算机程序设计课程、天文观测基础课程等。

第2章

中学科技创新课程发展定位和价值追求

陶行知先生是"知行合一"理念的倡导者和践行者，其创造教育思想对我国科技创新教育产生了深远影响。随着时代变迁，对陶先生创造教育思想的解读与领悟需要与时俱进。

2.1 中学科技创新课程发展定位

2.1.1 政策层面定位

2016年9月，中国正式发布《中国学生发展核心素养》。该框架以塑造"全面发展的人"为根本目标，具有深远的意义。全面发展的人需具备两大关键素养，即"科学精神"与"实践创新"。这两大素养不仅是学生成长的核心，也是我国教育改革的核心导向。

《国家中长期教育改革和发展规划纲要（2010—2020年）》在第五章高中阶段教育中明确提出："探索发现和培养创新人才的途径。鼓励普通高中办出特色。"这意味着我国高中教育改革的重要任务之一是培养学生的创新精神和实践能力。《关于新时代推进普通高中育人方式改革的指导意见》强调："培养学生创新思维和实践能力，提升人文素养和科学素养。"

此外，中国还推出了《全民科学素质行动计划纲要实施方案（2016—2020年）》，其中明确提出："到2020年，科技教育、传播与普及长足发展，建成适应创新型国家建设需求的现代公民科学素质组织实施、基础设施、条件保障、监测评估等体系，公民科学素质建设的公共服务能力显著增强，公民具备科学素质的比例超过10%。"实现这一目标的关键是实施青少年科学素质提升行动，以此培育下一代的科学精神和实践创新能力。

《普通高中课程方案（2017年版2020年修订）》中，明确普通高中的培养目标是"进一步提升学生综合素质，着力发展核心素养，使学生成为有理想、有本领、有担当的时代新人"。如图2-1-1所示，核心素养是以"全面发展的人"为核心，凸显"科学精神"与"实践创新"的重要性。这一方案的出台，标志着我国教育改革步入新阶段，即以培养具有创新精神和实践能力的人才为目标之一，推动我国教育事业的持续发展。

国家对学生核心素养的培养高度重视，通过一系列政策和规划，构建了一个以"全面发展的人"为核心的教育体系，培育具有创新精神和实践能力的新人。这不仅是我国教育改革的重要方向，也是我国社会和经济发展的迫切需求。

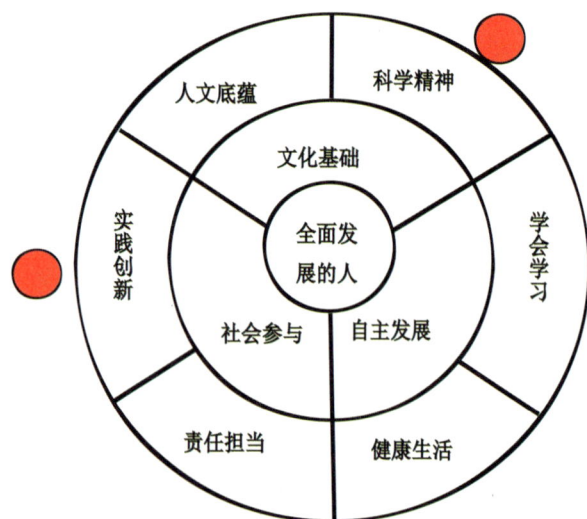

图 2-1-1　中国学生发展核心素养组成

注：标示圆圈部分表示与科技创新教育紧密相关。

2.1.2　实操层面的问题与目标

当前，中学科技创新教育不同程度上存在不少问题，这些问题制约了学生的全面发展，对教育事业的进步产生了影响。为解决这些问题，有必要深入剖析其成因，探寻有效的解决之道。基于以下问题，各方应以提升学生的科学精神和实践创新能力为目标，构建一套完整的保障体系。

基础教育过度侧重理论知识传授，忽略学生实践能力和创新精神的培养。此种教育模式导致许多学生呈现"高分低能"的现象，即在理论知识上表现优异，在创新思维和实际操作方面却表现乏力。因此，有必要对课程理念进行创新，强调理论与实践的结合，以培养学生的动手能力和创新精神。

中学科技创新教育的短板表现为缺乏完善的课程体系和实施模式。现有的科技创新教育有些方面流于形式，未能构建稳定的教学体系和评价标准。为改变这一现状，应构建一套完整的课程体系，涵盖课程设置、教学方法和评价机制等方面。同时，形成一套可行的实施模式，确保科技创新教育在学校层面得到有效落实。

在此过程中，政策制定者、学科专家、一线实践教师需要不断探索和实践，总结经验教训，逐步完善课程体系和实施模式。这是一个螺旋上升的过程，每个阶段的经验总结都将为下一阶段的发展提供宝贵借鉴。借此方式，确保创新型人才早期培养的高质量。

当前科技创新浪潮中，教育领域需与时俱进，深化教育教学改革，以适应时代发展。为此，我们构建了科技创新课程建设的技术路径（如图 2-1-2 所示），该路径包括"理念创新—体系建构—模式梳理—实证应用—迭代推广"五个阶段。

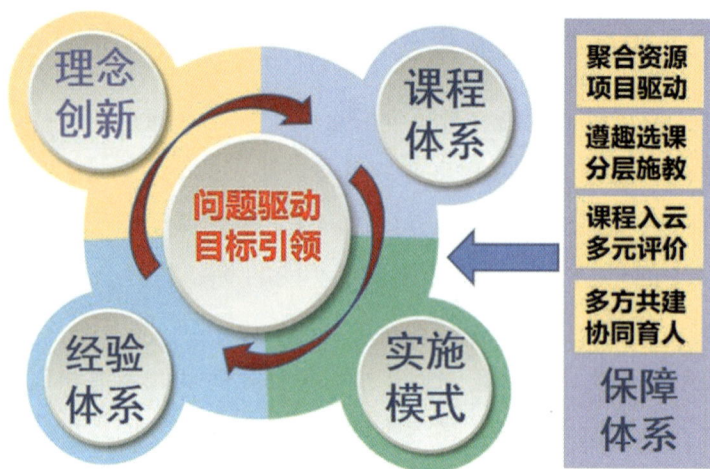

图 2-1-2　科技创新课程建设的技术路径

（1）理念创新是课程建设的根基。

我们要持续探索并更新教育教学理念，以适应科技创新的步伐。在此过程中，应关注学生个性化需求，培育其创新意识、实践能力及团队合作精神，并强化教师与学生之间的互动，激发学生学习兴趣及主动性。

（2）体系建构关乎课程的可持续发展。

完善课程体系包含理论教学与实践环节，理论教学部分应覆盖科技创新的基本概念、原理及方法等；实践环节则要让学生参与实际项目，以锻炼其实际动手能力。

（3）模式梳理是对课程内容与教学方法的总结与提炼。

通过对课程内容的梳理，我们能明确教学目标、内容与方法。在此基础上，我们应不断优化教学方法，如采用项目驱动、案例教学等创新教学模式，提升教学质量。

（4）实证应用是检验课程建设成果的关键环节。

我们要以实际教学效果评估课程建设的成效，并根据评估结果调整与优化课程。此外，我们还应关注学生在实际应用中的表现，以了解课程对提升学生创新能力的实际效果。

（5）迭代推广的目的是让更多学校和师生受益。

在科技创新课程建设过程中，我们要不断总结经验，形成可复制的教学模式。通过教师培训、教学资源共享等方式，将优质课程资源推广至更多地区和学校，以惠及更多学生。

遵循"理念创新—体系建构—模式梳理—实证应用—迭代推广"的技术路径，合肥一中有力地推动了科技创新课程建设，并为培养具有创新精神和实践能力的优秀人才奠定了坚实基础。

2.2　科技创新课程的价值追求

创新人才培养对于国家和民族未来发展具有重要意义。合肥一中秉持"怀天下抱负、做未来主人"的宏大愿景，将陶行知的创造教育理念与"全面施教、广育英才"的办学思想相结合，30年坚持不懈地开展"知识、实践、创造"三位一体的科技创新教育实践。这一实践致力于提升学生的科学精神和实践创新能力，大力推进科技创新课程建设，并取得了丰硕的成果。

陶行知，被誉为我国伟大的人民教育家，更是近代创造教育的奠基者。他在创造教育实践中，逐步形成了系统的、独具特色的创造教育思想，为我国教育理论宝库做出了独特的贡献。

2.2.1　陶行知创造教育思想

1.陶行知创造教育思想的形成与发展

（1）萌芽阶段（1913—1933）。

在陶行知的教育思想发展过程中，其创新理念主要表现为试验教育的形式。早在1913年，陶行知在《"金陵光"出版之宣言》中就已显露出创新思维的端倪。1919年，他将创新理念引入教育领域，倡导"创新精神"以及"创新教育家"的理念。1931年8月，他又将创新思维延伸至生活教育领域，提出"做是发明，是创造，是实验，是建设，是生产，是破坏，是奋斗，是探寻之生路"①。这种"做"不是盲行盲动，而是在劳力上劳心。它具有行动、思想、新价值的产生三个特征。

（2）形成和发展阶段（1933—1946）。

陶行知不仅全方位地构建了创造教育理念，而且随着教育实践的深化，持续加以丰富与发展。1933年3月，陶行知明确提出了创造教育观念。他在《教育建设》杂志上发表的论文《创新的教育》中，对创新教育的本质进行了较为全面而系统的解读。陶行知阐述创造二字的内涵时，强调"由行动而发生思想，由思想产生新价值"的创造过程，并提出"行动是老子，思想是儿子，创造是孙子"②的论述。这是根据"行是知之始，知是行之成"理论演绎出来的创造过程。他认为，创造教育即是行动教育，只有通过实际行动，方能获取知识；拥有知识后，方能进行创新创造，从而激发出更为浓厚的兴趣。陶行知进一步指出："行动是教育的开始，创造是中国教育的完成。"③他倡导摒弃传统教育，推崇创造教育。

此后，陶行知陆续发表《创造宣言》《创造的儿童教育》《创造的社会教育论纲》《民主教育》《小学教师与民主运动》等一系列文章，深入探讨创造教育的理论基础。1944年，他在《战时教育》杂志上发表了《创造的儿童教育》，认为创造性儿童教育就是"要在儿童自身的基础上，过滤并运用环境的影响，以培养、加强、发挥创造力，使他长得更有力量，以贡献于民族与人类"④。陶行知既是我国创造教育的倡导者和提出

---

① 华中师范学院教育科学研究所.陶行知全集：第2卷［M］.长沙：湖南教育出版社，1985：289.

② 陶行知.中国教育改造［M］.北京：东方出版社，1996：18.

③ 华中师范学院教育科学研究所.陶行知全集：第2卷［M］.长沙：湖南教育出版社，1985：615.

④ 戴自俺，龚思雪.陶行知幼儿教育的理论与实践［M］.成都：四川教育出版社，1987：88.

者，更是创造教育的践行者，他所创立的小庄师范学校堪称实施创造教育的典范。

2.陶行知创造教育思想主要内容

（1）创造教育以生活为内容，强调"教学做"合一。

陶行知创造教育理念主张以生活教育为本源，贯穿于教育实践中。因为教育源于生活，唯有以生活为基础的教育，才能真正实现创造教育的目标。他特别强调教、学、做三者之间的紧密结合，明确提出创造教育并非仅限于教，也要致力于学和做。在他看来，"做的最高境界就是创造"①。陶行知对"做"在创造教育中地位的重视，彰显了实践价值的卓越性。

（2）创造教育要创造的是"真善美的活人"。

1943 年，陶行知在《创造宣言》中说，创造教育的宗旨是培育具备创新精神和能力的"真善美的活人"。他明确提出："教育者所要创造的是真善美的活人。"②这种人才并非少数，而是广大人民大众。因此，"把小孩、农人、工人都培养起来，这才是创造教育的目的。"③"真善美的活人"还是手脑并用的人，他们在动脑思考的同时，也动手实践；在动手时，也善于思考。因此，"手和脑在一块干，是创造教育的开始；手脑双全，是创造教育的目的。"④他倡导教育要培养出值得自己敬仰的人才。

（3）创造教育在于启发人的创造力，推动人类社会的进步与发展。

关于创造教育的影响，他说："教育不能创造什么，但他能启发解放儿童创造力以从事于创造之工作。"⑤他倡导："处处是创造之地，天天是

---

① 华中师范学院教育科学研究所.陶行知全集：第 2 卷［M］.长沙：湖南教育出版社，1985：289.

② 华中师范学院教育科学研究所.陶行知全集：第 3 卷［M］.长沙：湖南教育出版社，1985：482.

③ 陶行知.陶行知全集：第 3 卷［M］.成都：四川教育出版社，1991：533—534.

④ 陶行知.陶行知全集：第 3 卷［M］.成都：四川教育出版社，1991：532.

⑤ 陶行知.陶行知全集：第 4 卷［M］.成都：四川教育出版社，1991：3.

创造之时，人人是创造之人，让我们至少走两步退一步，向着创造之路迈进吧。"[1]

（4）实施创造教育必须实行"六大解放""三个需要""一大条件"。

陶行知认为，儿童的创造力既是先天遗传，更需后天悉心培育以实现全面发展。作为一名教育工作者，负有培养儿童创造力的责任，使其得以充分展现。然而，在传统教育体制下，儿童的创造力并未得到充分培育和发挥。他主张把学习的基本自由还给学生，1946年，他在《小学教师与民主运动》一文中指出，在现状下，尤须进行六大解放，把学习的基本自由还给学生：一是解放他的头脑，使他能想；二是解放他的双手，使他能干；三是解放他的眼睛，使他能看；四是解放他的嘴，使他能谈；五是解放他的空间，使他能到大自然大社会里取得丰富的学问；六是解放他的时间，不把他的功课表填满，不逼迫他赶考，不和家长联合起来在功课上夹攻，要让他有一些空闲时间消化所学，并且学一点他自己渴望要学的学问，干一点他自己高兴干的事情。只有实现这六大解放，儿童的创造力才能得以充分释放。

实施创造教育的过程中，推行"六大解放"的目的是更好地解放儿童创造力，激发其潜能。为实现创造教育的目标，务必关注"三个需要"。

①需要充分的营养。他强调"小孩的体力与心理多需要适当的营养。有了适当的营养，才能发生高度的创造力，否则创造力就会被削弱，甚而至于夭折"[2]。学生的身体素质，包括各个器官，尤其是神经系统的结构和功能，均为创造力发展的自然物质基础。若营养不良，脑细胞数量减少，就会阻碍创造力的提升。

②需要建立下层良好习惯，以解放上层的性能，俾能从事于高级的

---

[1] 陶行知.陶行知全集：第4卷［M］.成都：四川教育出版社，1991：5.

[2] 华中师范学院教育科学学院研究所.陶行知全集：第3卷［M］.长沙：湖南教育出版社，1985：527.

思虑追求。否则必定要困于日用破碎，而不能够向上飞跃。[1]良好的习惯有助于儿童提高学习效果、拓展思维，进而发挥创造力。

③需要因材施教。陶行知以种植松树与牡丹所施的肥料不同为例，他举例说，"松树和牡丹所需要的肥料不同，你用松树的肥料培养牡丹，牡丹会瘦死，反之，你用牡丹的肥料培养松树，松树受不了，会被烧死。""培养儿童创造力要同园丁一样，首先要认识他们，发现他们的特点，而予以适宜之肥料、水分、阳光，并须除害虫，这样，他们才能欣欣向荣，否则不能免于枯萎。"[2]

陶行知强调，尊重儿童个性、认可其创造力天赋，并不意味着先天优势足以胜任后续发展。事实上，为促进这种创造力的成长与发掘，仍需教师悉心辅导，秉持因材施教的教育原则。

实施创造教育的过程中，除了"六大解放"和"三个需要"之外，尚需满足"一大条件"。此一大条件即为民主，因为"创造力最能发挥的条件是民主"[3]，唯有民主才能释放多数人的创造力潜能。

陶行知鲜明地反对传统专制思想教育，以确保创造教育的有效实施。他认为，"专制教育中可以培养唯命是从的奴才和奴隶，但不能培养人民做主人。""要大量开发创造力，大量开发人矿中之创造力，只有民主才能办到，只有民主的目的、民主的方法才能完成这样的大事。""只有民主才能解放最大多数人的创造力，并且使最大多数人之创造力发挥到最高峰。"[4]他高度重视教学相长、相学相师的古训，并在教学过程中将其

---

① 华中师范学院教育科学院研究所.陶行知全集：第3卷 [M].长沙：湖南教育出版社，1985：527.

② 华中师范学院教育科学院研究所.陶行知全集：第3卷 [M].长沙：湖南教育出版社，1985：528.

③ 戴自俺，龚思雪.陶行知幼儿教育的理论与实践 [M].成都：四川教育出版社，1987：94.

④ 华中师范学院教育科学研究所.陶行知全集：第3卷 [M].长沙：湖南教育出版社，1985.

作为核心原则贯彻实践。他强调："教育是教人化人，化人者也是为人所化，教育总是互相感化的。互相感化，便是互相改造。"[1]在教学领域，他主张教师应向学生学习，并认为："不愿向小孩学习的人，不配做小孩的先生。"在日常工作、生活以及修养等方面，他同样强调教育民主的重要性。他提倡："教职员和学生共甘苦，共生活，共造校风，共守校规。我认为这是改进中学教育和一切学校教育的大关键。"[2]他进一步指出："我们深信这种共学、共事、共修养的方法，是真正的教育。"他还强调师生之间应建立"互信、共信为创造之本"的关系，以创造为宗旨。陶行知认为，环境在学生创造力的发展、阻碍、强化或削弱、培育或摧残过程中具有举足轻重的作用。学校教育应致力于为学生营造有利于创新精神成长的氛围。他对家长与教师寄予厚望，深情地表示："我希望我国的父亲们，都能效仿富兰克林的父亲；母亲们，都能学习爱迪生的母亲。我更期望男教师们能成为富兰克林式的父亲，女教师们能成为爱迪生式的母亲。"[3]

"六大解放""三个需要""一大条件"构成了一个有机联系的整体，都是推动创造教育实施不可或缺的要素。当然，三者之间侧重各有不同："六大解放"的核心在于激发儿童的自我能动性，挖掘其内在潜能，旨在促使学生自发自觉地学习，实现手脑并用，身心并用。"三个需要"则着重于解决创造教育的外部环境问题，目的在于根据儿童个体特性，充分利用环境优势，采取切实可行的方法，培养、强化和发挥儿童的创造力。"一大条件"则关乎创新教育所需的政治环境，只有在民主氛围下，才能使广大群众的创造力得到充分释放。

（5）启发、自动、手脑并用、"教学做合一"是实施创造教育的基本

---

① 陶行知.陶行知全集：第2卷［M］.成都：四川教育出版社，1991：128.

② 华中师范学院教育科学院研究所.陶行知全集：第3卷［M］.长沙：湖南教育出版社，1985：543.

③ 华中师范学院教育科学院研究所.陶行知全集：第3卷［M］.长沙：湖南教育出版社，1985：528.

方法。

陶行知在《创造的社会教育论纲》中阐述，创造教育之方法在于"主观到启发；填鸭到自动；一粒一粒到整口；教授到自学。"根据《小学教育与民主运动》一文，我们可以理解为，创造教育的目标是运用启发的、自动的、手脑并用的、"教学做合一"的方法，以取代主观主义的、填鸭式的、被动的教学方法。

3.陶行知创造教育思想的主要特征

（1）大众性。

陶行知推动创新教育的初衷，并非仅为少数人谋利益，而是致力于广泛培养包括儿童、农民、工人等在内的全体民众，激发他们成为富有创新精神和创造能力的"真善美的活人"，为民族和人类做出贡献。他倡导教育应以人民为核心，致力于为人民提供优质服务，明确提出"生活教育要解放全人类"的崇高理想。他曾说："在我的世界里有两个最好的朋友，一个是老百姓，一个是小朋友。"人民至上，教育为民。他还强调："教育是国家万年大计，不普及人民大众教育谈振兴中华乃是一句空话。"①陶行知主张，教育事业发展应紧密依靠民众，首先向他们学习，视他们为教育事业的主人。自身则扮演服务者的角色，以民众最需要的内容教育他们，用最易于理解的方法帮助他们掌握知识，提升他们的科学文化水平。他说，"生活教育是大众的教育，大众自己办的教育，大众为生活解放而办的教育。"

（2）实践性。

陶行知倡导解放儿童的双手，使之从事实践活动，并将"做"视为探索与创新的过程。他强调，以社会实践为核心的教育模式应注重"教学做合一"，秉持实事求是、从实际出发的基本原则。创造教育思想的源泉在于理论联系实际。陶行知将实事求是视为生活教育的哲学基础，主张生活即课程，课程即生活。他认为，不同的生活形态对应着各异的教

---

① 陶行知.陶行知全集：第1卷［M］.成都：四川教育出版社出版，1991：318.

育内容，如劳动生活孕育劳动教育，艺术生活培养艺术教育，科学生活塑造科学教育。

陶行知坚持"实践第一"的原则，提倡"教学做合一"的生活教育理论，这是基于当时我国教育的现实、学校的实际以及学生的需求而创立的。他高度重视教育的实践性与体验性，认为听闻的知识易于遗忘，直观的知识仅能记忆，唯有通过实践所获得的知识才能真正理解。因此，他倡导组织学生参与社会实践，以拓展视野、磨炼意志、提升能力并积累社会经验。

（3）可操作性。

他用"教师教大徒弟，大徒弟再去教小徒弟"作为教育民众的方法，这是把文化知识普及到广大民众中去的有效途径。创造教育是陶行知教育思想的核心。他敢于创造，善于创造，勇于创造，"处处是创造之地，天天是创造之时，人人是创造之人"①。陶行知将杜威的教育理论与我国的教育实践相结合，提出了一种既适应我国国情又满足大众需求的生活教育理念和实践。他认为，创造教育旨在培育民族活力，培养个体独特思维的能力，强调将实践与知识、手与脑相结合，认为"手和脑一块干，是创造教育的开始"②。

（4）民主性。

陶行知的"六大解放"思想以及"创造力最能发挥的条件是民主"③的观点，凸显了时代对民主的呼唤。他高度重视民主价值观，坚信师生之间应保持平等，教学过程应是互动的。他主张教师的核心职责在于"以人教人，以人化人"④。他的"即知即传""小先生制""以教人者教

---

① 陶行知.陶行知全集：第4卷［M］.成都：四川教育出版社，1991：5.

② 陶行知.陶行知全集：第3卷［M］.成都：四川教育出版社，1997：525—526.

③ 华中师范学院教育科学院研究所.陶行知全集：第3卷［M］.长沙：湖南教育出版社，1985：529.

④ 华中师范学院教育科学院研究所.陶行知全集：第2卷［M］.长沙：湖南教育出版社，1985：47.

己""艺友制"等教育理念，无不体现出民主精神。他认为，教学过程中师生应"各尽所能、各学所需、各教所知，使大家各得其所"。陶行知认为，只有在民主的教育教学环境中，学生的创造力才能得到最大程度的发挥，因此提出了"六大解放"的理念。他倡导生活教育的目标，是为了在当时我国教育资源匮乏的背景下普及教育，实现教育的民有、民治、民享。生活教育主张教育场所向全社会开放，秉持"社会即学校"的理念，追求一个民主开放的教育环境。生活教育思想的大众性，正是其民主性的具体体现。

陶行知创造教育理念详尽地阐述了创新对于国家社会进步的重大价值，强调培育创新型人才及其创新精神。这有助于今天的我们提升创新意识，在教育实践中竭力培育创新人才，以满足时代对教育提出的新要求。

2.2.2　合肥一中"知·行·创"科技创新课程理念

合肥一中是一所富有创新精神和远大抱负的学校，始终与时俱进，积极探索并实践"知行合一"的教育理念。学校紧密结合"全面施教、广育英才"的办学宗旨，明确了"知·行·创"科技创新课程理念（图2-2-1）。这一理念以培养创新人才为核心，为学生提供全面、深入的科技创新教育。在"知为基、行为本、创为魂"的课程理念指导下，合肥一中努力打造融合式课程特色，将"知·行·创"相互融合，为学生提供一个既扎实又富有创新氛围的学习环境，学生在掌握丰富知识的基础上，将所学付诸实践，锻炼创新能力，成长为具有独立思考和解决问题能力的创新型人才。学校高度重视创新型人才的早期培养，通过开展丰富多样的科技创新活动，激发学生的创新兴趣，培养学生创新精神。在课程设置上，注重跨学科知识的融合，鼓励学生进行实践探索，提高学生的创新思维和动手能力。

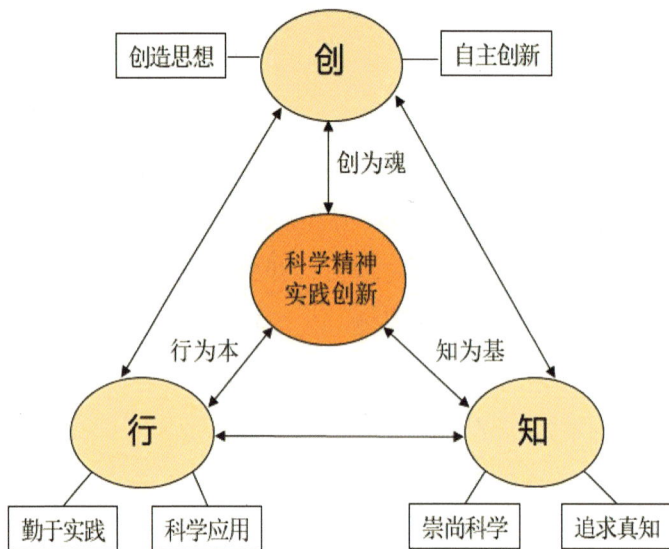

图 2-2-1 "知·行·创"科技创新课程理念

"知·行·创"科技创新课程理念：

"知"是指崇尚科学、追求真知，是"行之成"，重在理论。

"行"是指勤于实践、科学应用，是"知之始"，重在行动。

"创"是指创造思想、自主创新（自由探索），是在知、行二元关系基础上拓展的新空间和新维度，是新时代对创新型人才培养的新目标、新要求。

"知""行""创"三者虽各有侧重，但非孤立存在，而是相互贯通，双向循环。知可转化为行，行可实践知；由知到创，实现"学创"，由行到创，落实"践创"；创可产生知，也可导向行，由此形成了三维一体、有机融合的闭环系统。

学校积极参与中国陶行知研究会主办的多项科技创新实践活动，并取得了显著成绩。学生张宇阳、魏博文、徐驰、杜谊远等在中国陶行知研究会举办的第六届青少年机器人活动暨亚洲机器人锦标赛中国选拔赛中表现出色，荣获一等奖。此外，合肥一中的何宇博、袁夏昕、胡乐岩等同学在中国陶行知研究会首届青少年创客活动暨第七届青少年机器人活动中夺得冠军，并获得代表我国参加世界机器人锦标赛的资格。在激烈的竞争中，他们与世界范围内经过严格选拔的 600 多支队伍一较高下，最终荣获季军。值得一提的是，笔者在此次活动中表现突出，被中国教育学会和中国陶行知研究会授予全国优秀教练员奖。

第3章

中学科技创新课程体系的设计与建设

基于合肥一中"知·行·创"科技创新课程理念，我们构建了"1436"科技创新课程体系，给予学生充分的选择权，满足其创新发展需求，实现"知识习得—实践研究—能力培养—素质提升"的创新素养渐进发展。

3.1　科技创新课程体系设计

3.1.1　"1436"科技创新课程体系构建

"1436"科技创新课程体系具体内容：

"1"即一个核心，是指学生科学精神和创新实践能力核心素养的培养；"4"指四种课程类别，分别是学科必修课程、科技社团课程、基地项目课程、U-S协同课程；"3"指三层课程结构，分别是基础型课程、拓展型课程和研究型课程；"6"指学生发展核心素养的六大基本要点，分别是理性思维、批判质疑、勇于探究、劳动意识、问题解决、技术运用等。如图3-1-1所示。

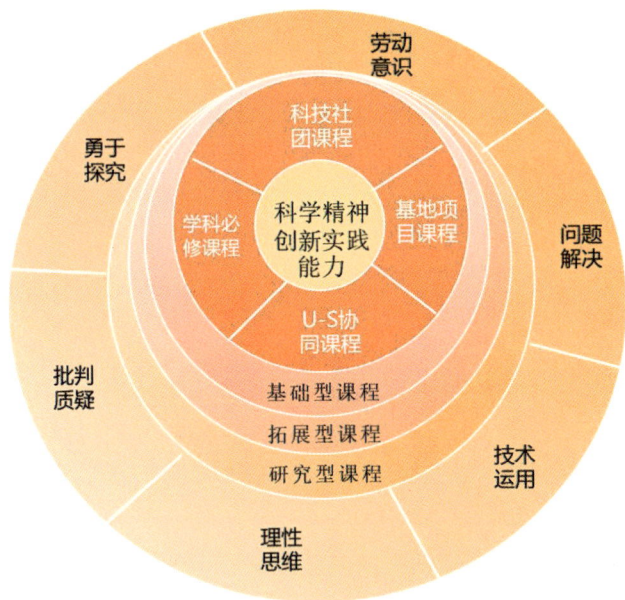

图3-1-1 "1436"科技创新课程体系

合肥一中组建校内科技创新教育核心团队，成立研发小组，研发科技创新课程（如表3-1-1），制作课程同步微课，精选独特案例，构建配套资源包；与高校协同，共同开发科技创新项目，整合项目资源，实施"中学生英才培育计划""科学探索夏令营"等基地项目课程；出版《单片机应用基础》《机器人设计与制作》《人工智能入门》《无人机设计与制作》等十多部校本科技课程；积极参与安徽省信息技术教材中与科技教育相关内容的编写，充实科技创新课程资源库。

表3-1-1 合肥一中科技创新课程

课程类别	课程名称	课程层级
学科必修课程	信息技术（信息科技）课程必修模块、通用技术课程必修模块、综合实践课程必修模块	基础型课程
	学科选择性必修模块	拓展型课程

课程类别	课程名称	课程层级
科技社团课程	VEX机器人设计与制作入门、FLL机器人设计与制作入门、航空航海模型制作、创意木工制造、无线电测向、3D打印、汽车模拟驾驶、无人机基础、科技创新基础、单片机入门、App Inventor编程基础、C++计算机程序设计基础、Python程序设计基础	基础型课程
	科技发明与制作、微型无人机制作、能源与空间、我是发明家、创意造物、创意编程、单片机原理、科普微视频创作、App Inventor趣味编程、C++计算机程序设计进阶、Python程序设计进阶、VEX机器人设计与制作进阶、FLL机器人设计与制作进阶、创意机器人竞赛	拓展型课程
	主题式创意机器人课程、VEX机器人研究与实践、FLL机器人研究与实践、综合技能机器人研究与实践、科技竞赛课程	研究型课程
基地项目课程	科技探索夏令营、巢湖地学实践、细胞染色与制画、木桥梁结构模型设计、Arduino智能造物、数学话剧创作与表演	拓展型课程
	结构之美、寻找时间、地球科学探究与实践、荧光蛋白光学探究、跨学科主题研究	研究型课程
U-S协同课程	中学生英才计划、中国科学技术大学创新人才接力培养、清华大学先修课、北京大学先修课	研究型课程

3.1.2　科技创新课程空间构筑

1. 1.0阶段—2.0阶段

2017年，合肥一中设立科创中心，推动科技创新活动从原先零散、无序、缺乏统筹和管理的状态转变为有序、整合的2.0阶段。科创中心充分发挥统筹协调功能，将原本分散的活动室整合至科技楼南楼一楼和二楼，构建科技创新实验基地。该基地汇集了机器人、科技创新、无线电、单片机、航模、创客及智能创造、科技夏令营等科技资源，实现共享。

为确保资源高效利用，科创中心强化管理，明确责任到人，分工清晰。同时，加强科技辅导员之间的工作交流与沟通，建立科技辅导员工作机制。在此基础上，学校关注学生全面发展，重视学生综合素质提升，积极开展科技创新教育。

通过统筹整合、项目联动、资源共享、规范推进等手段，科创中心成功组织和指导学生参加各级各类科技项目展示和竞赛，并与省内外同行开展深入交流。这一举措提升了学校科技活动的特色影响力，实现了从1.0阶段向2.0阶段的跨越。

2. 2.0—3.0阶段

合肥一中120周年校庆之际，学校决策开展校园品质提升工程。此次活动中，合肥一中科创中心主动承担项目，争取各方支持，投入资金超过200万元，对科创中心展厅、机器人教室、航空航天实验室、创意制造活动室、科技创新实验室、地球空间实验室、单片机实验室、无线电测向室、智创木工坊、3D打印机实验室、创意造物室等的硬件设施进行全面升级、完善和优化。同时，制订了《合肥一中科创中心功能活动室管理办法》《合肥一中科创中心工作职责》《合肥一中科创中心特色工作梳理》等规章制度，明确活动室管理责任到人，实行科技竞赛实验室专人负责制，实现了从2.0到3.0阶段的跨越。

3.2 科技创新课程建设

为进一步落实国家关于科技创新教育的精神，提升学生全面素质，丰富学生生活，合肥一中已全面启动科技创新教育。科技创新课程面向全体学生，涵盖了智能机器人、微型无人机、Python程序设计、地球科学探究与实验、App开发、无线电、创客等多门具有科技特色的课程。学生依据个人兴趣自主选课、上课，极大地激发了学生学习热情，挖掘了学生潜能，促进了学生全面发展，使他们在成长过程中收获快乐。

3.2.1 科技创新课程建设历程

1. 引领科创竞赛

合肥一中的科技创新课程由学校教师自主开发，历经多年实践与反思，课程规划、内容设定及实施步骤均已规范化。此类课程在满足学生兴趣与需求、发展个性特长、展现学校办学特色方面具有重要意义。通过丰富多样的科技创新课程，培养学生的科学精神、人文精神、创新意识及实践能力，有助于提升学生综合素质。

2014年之前，由于省级学科竞赛一等奖具备保送知名高校的资格，家长们对学生参加五大学科竞赛积极性非常高；2014年，随着高校自主招生政策的实施，部分家长担忧学科竞赛影响孩子的高考成绩，对孩子参加学科竞赛支持度有所下降；2020年，国家推行强基计划，自主招生政策得以调整，国家级学科竞赛的金银牌得主可在强基计划中获得破格录取资格，家长们又转变态度支持子女参与学科竞赛。在此期间，合肥一中始终秉持初衷，为参与学科竞赛和科创大赛的学生提供优质师资、学习场所等支持，鼓励教师从小型课题和项目入手给予引导，充分尊重学生的天性和兴趣，为他们创造学习探究的环境。

合肥一中凭借多年积淀的深厚的竞赛文化，已成为安徽省学科竞赛优势学校，多年来在省内一直保持领先地位。2023年，数学、物理、化学、生物四个学科竞赛中，合肥一中64人获得省级一等奖，晋级省队17人，省级一等奖获奖人数和晋级省队人数均位居全省之首！

2. 完善优质的科技创新课程

课程体系建设方面，学校致力于实现灵活的课程设置。自2014年起，学校已经基本构建起了"七彩课程"体系，涵盖人文社科、物理工程、生化环境以及二外语言类课程。只要学生对课程有兴趣，便可申请参与学习。"七彩课程"（基础课程、科技课程、社团课程、生活课程、国际课程、艺体课程和学术课程）得到学生、家长、社会的广泛认可。学校一直坚持推行素质教育，全面育人，始终坚持做有益于学生终身发展的事情。

3. 整合科技创新教育资源

学校充分利用校内科技创新教育硬件资源，整合为八个"宝藏"实验室：智能技术实验室、创意创造实验室、生命科学实验室、能源环境实验室、地球空间实验室、航空航天实验室、木工创意加工坊、3D打印实验室。

每周三下午，各个实验室内均分为若干小组，学习气氛热烈：有的专注于跟随老师探索"奥数王国"；有的全神贯注于组装各类机器人；有的正利用电脑设计小型装置的程序；有的在单片机实验室中冥思苦想，试图破解"芯片"中的诸多奥秘；还有的兴致勃勃地制作航空模型，甚至在模拟器上模拟驾驶飞机……他们的身旁均有不同专业的指导老师，为他们提供启发与指导。

这里，处处洋溢着积极探索的激昂气息。首届被招入"强基班"的学生陈习亮在作文中写道："我们应该深刻地认识到，21世纪，社会日新月异，科技发展如一股洪流，科技是第一生产力。如今正是实现中华民族伟大复兴的关键时期，作为'强基班'的学生，我们更应从现在就努力培养自己的创新精神、动手能力、质疑精神、团队合作意识等，脚踏实地，注重基础学科的学习，为将来从事科研工作或其他创造性劳动打好基础，为祖国科技发展作出贡献，为中国走向世界科技强国奉献自己的力量！"

基于兴趣的校园科技创新活动已取得丰硕成果，合肥一中的科技创新教育成绩在全省范围内位居前列；机器人竞赛更是成绩斐然，在国际舞台上屡获佳绩。

在全方位渗透科学精神的学习实践活动中，合肥一中既引导学生心怀远大，又教育他们秉持务实。图3-2-1是科技创新课程课堂实景片段。

（a）地球科学探究与实验

（b）创客设计与制作

（c）无线电测向

（d）FLL机器人

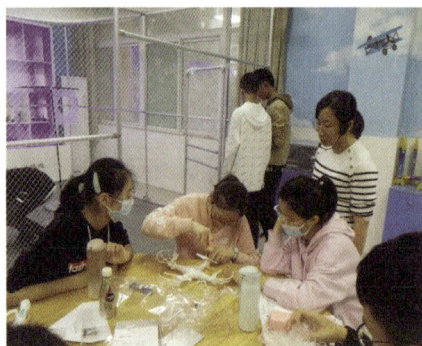

（e）微型无人机

（f）智能机器人

（g）单片机原理

（h）航模课程

（i）结构设计

（j）模型设计与制作

图 3-2-1　合肥一中科技创新课程课堂实景片段

3.2.2　引进优质科技创新教育资源

从合肥一中走出去的校友中，目前已有十多位院士。在引导孩子们成长的过程中，学校全力提供开放式科创资源：中国科学院院士窦贤康、西安交通大学原校长王树国、中国工程院院士张军等都曾做客合肥一中，为莘莘学子做讲座。合肥一中更是与中国科学技术大学保持长期合作关系，中国科学院院士潘建伟亲自担任 2013 级英才班学生导师。这些科学家结合自身专业优势，介绍国内外自然科学的前沿动态、学术前沿思想，与学生现场交流互动，激发他们探究科学、真理的兴趣。

1.院士面对面

多年来，学校秉持时代使命，不断探寻激发学生创新思维的有效策略，提升创新人才的培养质量。合肥一中致力于营造浓厚的校园学术与科创氛围，邀请院士进校园作讲座，使合肥一中的师生们能够与院士面对面交流，近距离感受科学家精神风范。

2023年9月，中国工程院院士刘文清以平实且富有感染力的表述，生动地揭示了科学原理的深邃与奥妙。学子们聚精会神地聆听，在互动环节，他们抓住与院士近距离交流的宝贵机会，积极提问："激光能否疏通血管""光学在大气环境保护领域的应用前景如何""光波如何鉴别污染物的种类与成分"等。刘院士以科学严谨的态度，简洁而风趣地解答了学子们的问题，满足了他们对知识的渴望与好奇。

中国科学院院士俞书宏为近400位学子带来了一场题为《如何热爱科学？——从纳米科技谈起》的精彩学术报告。报告中，俞书宏院士以未来材料发展趋势为切入点，向同学们阐述了习近平总书记对我国科技创新工作的重视，以及我国材料和制造业的最新发展状况。俞书宏院士详细解读了纳米科技、纳米材料的特异性能及其相关应用，并通过一系列引人入胜的问题，如蜘蛛丝为何能吸收水分、荷叶为何出淤泥而不染等，激发同学们对科学的热爱。他还向同学们展示了如何运用纳米科技进行人工仿生合成，例如在实验室中生长贝壳、合成珍珠母、制备轻质胶合板复合材料及聚合物木材等。俞书宏院士勉励同学们在学习和生活中热爱科学、追求科学，树立正确的世界观、价值观和人生观，养成创新思考、认真行事、友善待人、欣赏自然的好习惯。他祝愿同学们学有所成，早日成为祖国的栋梁之材，为创造美好生活贡献力量。

2017年3月，徐扬生院士为学生作了题为《才智与技艺并重的机器人》的讲座。他阐述道："我曾参与研发的机器人，其体积之大堪比此屋，最大者甚至超过此屋两倍。而我所研制的小型机器人，更是能植入人体血管。"徐院士用生动形象的语言，富有趣味性地引发学生们对机器人的好奇心。在讲座中，徐院士介绍了包括他自己在内的全球顶尖机器人团队研究成果，例如单轮机器人、追踪机器人、攀爬机器人等。

2019年5月，陈新滋院士以《科学与人生中的偶然与必然》为题，为学生阐述了一系列重大科学发现。他通过富有感染力的小故事，将这些发现进行了深入浅出的诠释，展示了科学家的深厚学术素养与独特风貌。学子们深刻认识到，在人生与科学追求中，每天都有偶然事件发生，能慧眼洞悉是重要的条件，但更重要的是养成坚持不懈、孜孜以求的精神。唯有努力攀登，方能抵达高峰。

2019年8月，薛其坤院士从其个人成长背景与研究量子物理的经历切入，探讨了科学研究的深刻内涵。从量子物理到霍尔效应，再到量子霍尔效应，薛院士深入剖析了这些领域的关键概念。谈及其团队历经数年研究的课题"量子反常霍尔效应"，在艰难环境下团队开创了此领域的国际空白，他感慨万分！薛院士借此机会勉励一中学子，要有不负使命、舍我其谁的历史担当；敢于创新、实事求是的科学精神；精益求精、追求极致的工作作风；乐观向上、不畏困难的人生态度；团结互助、以善待人的道德风尚。

2020年1月，窦贤康院士在谈及我国尖端雷达技术时，强调掌握方程的重要性，并幽默地表示"实则方程并无难度"，此言一出，学子们的脸上纷纷露出会心的微笑。学术大家的风采不仅体现在严谨治学，亦不失幽默与风趣。此外，窦贤康院士详细介绍了我国在地球与空间科学领域以及量子技术方面的世界领先成果，使同学们得以窥见世界未来科技之巅。

2019年4月，张军院士以"圆梦"为主题，为学生们呈献了一场精彩的报告。报告以"寻梦，彰显伟大的学校""追梦，充满活力的学校""圆梦，寓意青春的学校"为纲领，以北京理工大学的发展历程为线索，结合自身的成长经历，使同学们深刻理解了梦想与责任、个体与家国、现实与星空的和谐统一关系，在同学们心中播下了梦想的种子。报告尾声，张军院士以"梦想、执着、创新与合作"寄语一中学子，饱含这位资深学长的深厚期望。

2024年9月，李建刚院士通俗易懂地讲述了地球上绝大部分能源都源自太阳的核聚变反应。他强调，我国亟须积极投入核聚变研究，培育具备坚定科学信仰、敢于挑战世界难题、勇于克服困难、持久坚持、勤奋刻苦、乐于协作、团结共进的学生，以助力我国科技事业"托起明天的太阳"。

2023年2月，赵政国院士在《微观粒子，尖端技术》专题讲座中，以生动形象的图片、活泼的语言、新颖的形式、深入浅出的讲解，引领同学们进入微观粒子的世界，让同学们听得津津有味、如痴如醉。通过赵院士的讲授，同学们深切感受到了科学世界的广阔。

高松院士为学生作了《学科交叉融合中的化学》专题报告，舒德干院士讲解了《进化论与澄江动物群的科学人文价值》，万立骏院士带来了《探秘分子世界》专题报告，唐叔贤院士作了《揭开纳米之谜》专题报告，荣获菲尔兹奖的美国和俄罗斯科学家为学生作了《数学家的灵感》的专题报告。此外，房建成院士、张杰院士、侯建国院士、朱清时院士等亦亲临合肥一中，开展院士面对面活动。

院士进校园活动激发了同学们的学习热情，学校将积极营造更优质的校园创新环境，加快构建有利于人才成长的培养机制、各展其才的激励机制、脱颖而出的竞争机制，着力打造合肥一中人才成长的丰厚土壤，为培养更多创新型尖端人才奠定坚实基础。

2.科普讲座

学校充分认识到拓宽学生学科视野、提升科学素养的重要性，大胆尝试课程创新，每周五下午最后两节课，为有兴趣的学生开设基础学科前沿知识讲座和特色课程。学校充分挖掘中国科学技术大学"瀚海计划"创新人才培养基地的资源优势，积极引入中国科学技术大学优秀的讲师团队，共同打造强基科技大讲堂。为了提升讲座质量，学校聘请中国科学技术大学知名教授担任校内导师，为学生带来丰富的科技大讲堂讲座。

对于学生而言，科普讲座展示了这些知名学者深厚之学养、娴熟之教学技艺，带给学生的不仅是各学科之前沿知识、科学之修学思路方法，更在潜移默化中培育其坚韧不拔之品质和舍弃繁华、矢志不渝之心性定力。

点滴之流，汇聚成江海。在科技大讲堂的持续推动下，在大师们的学术熏陶中，合肥一中学子科技创新的种子，必将破土而出，开花结果。

3.高校共建合作

为更好地服务科技创新教育，合肥一中加强与知名高校的科技创新教育合作（U-S），充分发挥双方资源优势，促进合肥一中在科普教育、科技创新及学科竞赛建设等方面的提升。合肥一中与北京理工大学共建机器人创新体验联合实验室，与北京航空航天大学航模队、西北工业大学航模队等建立合作机制。此外，还与合肥工业大学无线电测向队、中国科学技术大学机器人队保持长期交流。

相关合作高校派遣资深科技创新课程专家和优质团队深入合肥一中，就科技创新体验联合实验室建设、科技创新课程教学内容、活动开展形式及竞赛实施要点等提供智力与技术支持（如图3-2-2、图3-2-3、图3-2-4）。同时，合作高校提供基础科技创新教材与教具，助力合肥一中营造良好的科普教育与科技创新氛围，引领青少年科技创新教育水平的提升，为国家培养更多优秀的科技创新后备人才。

合肥一中与高校共同探讨在培养科技创新后备人才方面的使命、功能、作用、形式、方法与途径，高校提供跟岗学习机会，助力科技创新教师提升专业素养与工作技能，力求成为高素质的科技辅导员。

图 3-2-2 西北工业大学航模队来校交流

图 3-2-3 中国科学技术大学机器人队来校交流

图 3-2-4 安徽师范大学教科院"创客苗圃"团队来校交流

第4章

中学科技创新课程的实施

合肥一中打造科技创新课程教学新模式，导师与学生、学生与学生、学生与学长形成互动交流的科创成长共同体，追求创新实践、互助团结的文化认同，激发师生的创造力和实践力。学校实行"普惠+拔尖"的培养模式，人才培养"个性化""规模化""系统化"；建立网上选课平台，分层分趣走班教学，学分化评价。学生创新素质培养明显提升，创新型人才早期培养效果显著。

4.1　科技创新课堂教学实施模式

4.1.1　科技创新课堂教学实施模式

学校选拔水平高、能力强的金牌教练担任课程实施教师，邀请高校教师及科研人员担任兼职教师，选拔学校科技竞赛成绩突出的学生协助教学。导师与学生、学生与学生、学生与学长构建互动交流的科创成长共同体，致力于创新实践、互助团结的文化认同。基础型课程重"知"，主要涉及科学理论、技术设计和工程思维等；拓展型课程践"行"，主要涉及专题研讨、项目研究和技术运用等；研究型课程铸"创"，主要涉及自主探究、U-S衔接、科技竞赛等。科技创新课程实施采用"普惠+拔尖"模式，夯实学生的科学精神与创新实践能力培养（如图4-1-1）。

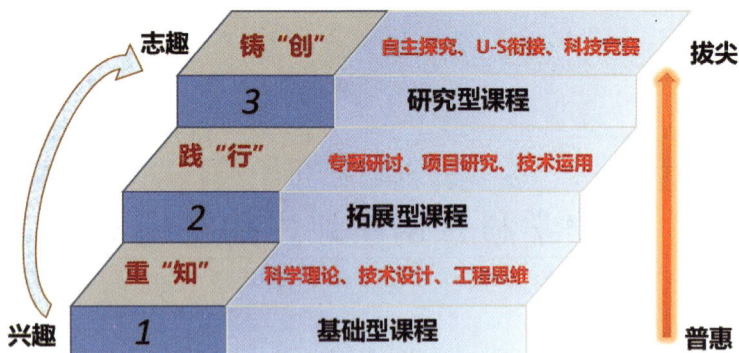

图 4-1-1 "普惠+拔尖"课程实施模式

1.基础型课程全覆盖——普惠

学校以培养学生科学精神和实践创新能力为教育目标，开设科技创新教育课程，实行选课走班教学。开发科创选课系统，提供科技创新课程选课指南，帮助学生科学合理地选课（如图4-1-2）。

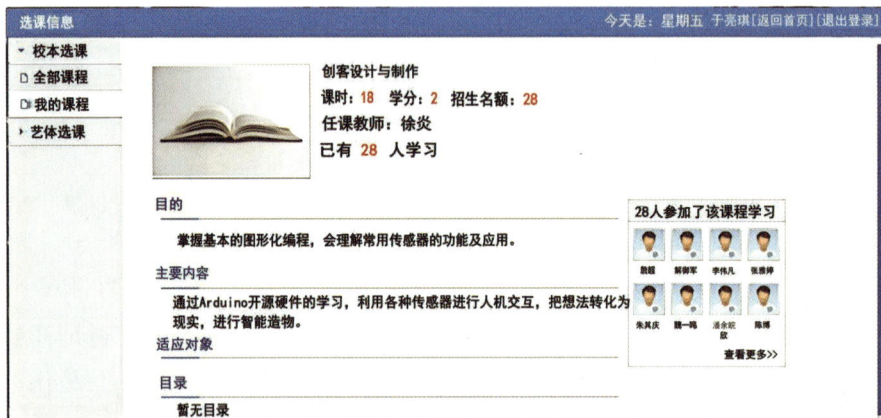

图 4-1-2 课程选课系统

2.高阶课程个性化选择——拔尖

拓展型课程及研究型课程具备一定的深度和难度，针对学有余力的学生，鼓励他们进一步深入探究和实践，将创新思维应用于解决实际问题，使兴趣逐渐升华成为志趣。学校引导学生参与科技创新大赛、机器人竞赛、航模比赛、无线电比赛及创客比赛等科技竞赛，以竞赛为契机，促进学生学习与研究，培养其科学精神及实践创新能力。

4.1.2 科技创新课程选课形式

1.选课指南

合肥一中在高一、高二年级共有20多位教师负责讲授科技创新教育课程，如表4-1-1所示。学校研发了众多科技创新教育课程，并制订了合肥一中科技创新课程选课指南，学生可根据个人兴趣，参照选课单自愿报名，教师则依据相关标准择优录取。自2018年起，学校启动课程创新探索，首批选拔理科优秀学生参与科技创新课程学习。学校在高一四个班级开设11门科技创新选修课程，并纳入正常课表，以便学生依据兴趣选择学习。课程设置从最初的校本选修课逐渐发展为常规课程，教学方式从零散式教学转变为项目式教学。在学习过程中，学生从有主题、内容、方法和结论的接受性学习逐步过渡到有主题、内容的探究性学习，最终实现根据真实情境发现问题、自主解决问题的主动性探究学习。通过开设此类课程，学校构建起阶梯式学习的课程体系，将科技创新教育落实到位。

表4-1-1 合肥一中科技创新课程选课指南（部分）

序号	课程名称	课程简介	课程目标	开课教师	教师简介
1	VEX机器人设计与制作	机器人设计与制作融合了计算机、机械工程、电子、通信、控制学等学科知识，是STEAM教育实践的一个重要载体，同学们设计机械结构、动手实践、编写程序，完成相应的任务	了解简单的机械结构和原理，学会结构的设计，学会程序的编写与运用，注重团队合作精神的培养	汤磊	合肥市最美科技工作者、合肥市十佳优秀科技辅导员、合肥一中机器人队主教练

序号	课程名称	课程简介	课程目标	开课教师	教师简介
2	无线电测向	无线电测向类似于捉迷藏游戏，但它是寻找能发射无线电波的小型信号源（即发射机），是无线电捉迷藏，是现代无线电通信技术与传统捉迷藏游戏的结合	普及无线电知识，培养学生动手动脑能力。通过从事无线电测向活动，培养学生创新精神和团队合作精神	卢进玉	合肥市优秀科技辅导员，合肥一中无线电测向主教练
3	App Inventor趣味编程	App Inventor 是一个免费 Android 智能手机应用 App 开发平台。App Inventor 为学生提供了艺术创作与科学创作的平台，在学习中可以激发学生对程序设计的兴趣，培养学生的创新能力与问题解决能力	用工程思维来规划整个项目，用艺术思想设计界面，用数学知识进行逻辑运算，综合运用上述知识、方法开发手机应用App	罗晓燕	合肥一中技术学科主任，合肥市骨干教师，合肥市十佳科技辅导员
4	FLL机器人设计与制作	乐高机器人是集合了可编程主机、电动马达、传感器、齿轮、轮轴、横梁、插销等构件的机器人，融合了多学科知识。同学们设计机械结构、动手实践、编写程序，完成相应的任务	了解简单的机械结构和原理，能设计稍复杂的结构，学会编写程序并配合机器人运动，培养学生逻辑思维能力与团队合作精神	钱晨	合肥一中机器人队教练，多年从事机器人竞赛与教学

续　表

序号	课程名称	课程简介	课程目标	开课教师	教师简介
5	结构之美	好的结构设计不仅有好的稳定性和强度，同时给人美的享受，是一件集设计、技术、文化、艺术于一体的完美之作。本课程通过纸模承重结构设计与木桥梁承重模型结构设计，展示结构设计之美，将设计与力学、技术与艺术完美融合	培养学生发现问题、提出问题、创新思维与设计能力，培养学生的探究、质疑精神，培养学生用掌握的多学科知识解决实际问题能力，培养学生的分工合作、团队协作能力	王永来	合肥一中信息技术、通用技术教师，合肥市优秀科技辅导员
6	开源互动电子造物	利用 Arduino 开源平台和各类传感器，进行智能造物	能完成简单的智能电子产品	徐炎	创客导师，合肥市优秀科技辅导员
7	单片机和创客设计	单片机原理学习，基于开源硬件的创客设计和制作	相关课程知识学习；结合动手实践，创意设计，参加相关比赛	张建军（外聘专家）	合肥市创造学会秘书长，单片机教学专家
8	四旋翼飞行器	通过动手拼装、调试四旋翼飞行器，了解四旋翼飞行器的飞行原理，掌握四旋翼飞行器的飞行技巧，并利用四旋翼飞行器的摄像头航拍美丽校园，制作校园航拍视频集	了解四旋翼飞行器的基本结构和飞行原理；掌握四旋翼飞行器的调试方法并能操控四旋翼飞行器飞行；掌握一些基本的航拍技巧	周静	合肥一中航模社指导教师，合肥市优秀科技辅导员
9	C++计算机程序设计	介绍用C++语言进行计算机程序设计的基础知识与技能，介绍基本的编程思想	学生知道基本的程序设计知识，掌握基本的动手编程能力，提升学生用计算机程序解决生活、学习中实际问题的能力	何文才	合肥一中信息技术教师，信息学竞赛教练，合肥市骨干教师，合肥市优秀科技辅导员、金牌教练

序号	课程名称	课程简介	课程目标	开课教师	教师简介
10	天文观测基础	学习研究天文理论知识，一起认识星空，并利用天文望远镜观测星空	掌握一定的天文知识，明确天文观测的准备工作，能较为熟练地使用天文望远镜	王玉龙、徐宁、吴燕	合肥一中地理组
11	音乐校本剧	讨论分析音乐校本剧现状，对比分析中外音乐剧，赏析经典剧目，编写剧本，排练校园小品，进行校园展示	加强学生的艺术修养、审美情趣，培养学生的艺术创作、舞台表现、合作等能力	韦永珍、王楠	安徽省特级教师，安徽省优质课一等奖获得者
12	水质污染的检测、治理和预防	介绍水体污染的现状、危害，介绍检测仪器的使用方法、常见的污水处理方法（化学法、生物法、物理法等）	了解身边的污水污染，掌握简单的污水检测方法，了解常规的水污染治理的方法，培养热爱自然、保护自然的社会责任心	石璞、张春	科技创新课程种子教师，合肥一中化学教师
13	有关能源与环境的创新设计	以能源和环境为主题，围绕如何解决能源和资源的高效利用、新能源的开发，以及如何推动环境保护、环境保护的创新措施等，创设性地提出有关能源与环境的可持续化、智能化、节能化、精控化的创新设计等	培养学生发现问题、提出问题、创新思维能力，培养学生的探究、质疑精神，培养学生掌握多学科知识解决实际问题的能力，培养学生分工合作、团队协作能力，培养学生掌握研究性学习的一般方法	朱承慧	合肥一中生物教师，合肥市骨干教师

序号	课程名称	课程简介	课程目标	开课教师	教师简介
14	科研的可视化：量子化学	利用量子化学的原理以及商业的量化软件，从微观的视角探究荧光蛋白吸收和发光的机理，并设计出理想的生色团	了解科研的一般性步骤，理解量化的基本原理并掌握量化软件的基本操作，能够小组合作完成荧光蛋白某一方面的探究性研究	陈发生	厦门大学博士，合肥市E类高层次人才
15	地理中国	一起欣赏中国地理景观之美，探究中国地理景观之奇	学会观察中国局部地区的地理景观，分析地理景观的成因，并能推测其发展演变趋势	秦云、王伟伟、孙文	合肥一中地理教师，合肥市优秀科技辅导员
16	地球之美	讲述球形至美、"米"制由来、寰球可秤、东南西北、经天纬地、咫尺天涯、金乌玉兔、时间流逝、历法纪元、数形之源、图胜于文、球平转换、运动馈赠、夜穹识星、月有阴晴、诗意地球等知识	理解地球之美，进一步认识地球。基于学科融合的方式解决问题，探索地球形状、大小、环境等科学（数学、物理、化学、地理）内涵，激发学生热爱科学、追寻科学与真理的热情	方小培	合肥一中副校长，地理正高级教师
17	创意木工	了解和体验中国的木工传统文化精髓，提升学生的文化自信。感受传统工艺之美，养成严谨、细致、精益求精的做事态度，塑造学生工匠精神	以现代科技设备结合传统手工工具，经历项目的创意、设计和实施的完整过程，培养学生的核心技术素养	宋玉洁	合肥市骨干教师，安徽省优质课一等奖获得者
18	美丽化学	讲述化学与生活、化学史、趣味实验等	培养学生化学学习兴趣，拓展学生化学思维	张强	合肥市骨干教师

序号	课程名称	课程简介	课程目标	开课教师	教师简介
19	物理学与人类文明	简述物理学的发展以及应用	知道物理学的重要性，激发学生学习兴趣	沈力	合肥一中物理教师
20	Enjoy AI 机器人	Enjoy AI，以"探究科学、创新实践、运动竞技"为特色，将机器人设计、编程控制、人工智能等科技探究学习与竞技巧妙融合，利用多学科知识模拟田径、击剑、举重、吊环等经典运动项目	让学生了解机器人搭建、编程的基本方法，科普人工智能相关知识及培养学生科学素养	孙莹莹	合肥一中机器人队教练

2.选课单

（1）科技创新课程介绍。

科技创新教育倡导以探究式学习为核心，围绕现实生活中的实际问题，引导学生自主完成有趣且与生活联系紧密的项目。在此过程中，学生能够习得各学科知识，实现跨学科整合。

（2）选课办法。

学期教学内容围绕3个项目展开，学生需从课程清单中挑选3个项目作为个人兴趣志愿，并据此走班上课。为应对志愿分布不均衡的情况，每位同学还需备选一门课程作为调剂之用。

（3）上课时间（略）。

（4）上课地点（略）。

（5）课程清单。（见表4-1-2）

表4-1-2 合肥一中科技创新课程清单（部分）

序号	项目名称	教学内容简介	课时	教师	备注
1	寻找时间	在了解生物电原理的基础上，掌握基本电路原理，制作简单电路，多学科交叉解决实际问题	9周×2节	朱承慧	
2	微型无人机	了解无人机（四轴飞行器）的基本飞行原理、结构，利用无人机散件自己动手组装一台微型无人机，并进行试飞等	9周×2节	周静	选此项目同学需自备无人机（配零件）
3	Arduino智能造物	通过Arduino开源硬件平台，实现你的各种想法，解决问题、造物。本项目以智能灯为案例，初步体验智能造物的乐趣	9周×2节	徐炎	
4	App Inventor开发入门	App Inventor是一款Android智能手机应用App开发平台。结合生活中的实际问题，以设计和探索为目的，解决实际问题	9周×2节	罗晓燕	
5	丝网版画	将丝网印刷技术应用到艺术创作上，是丝网印刷术的延伸与发展。丝网版画技法与其他画种的技巧相互结合，可表现出丰富的艺术效果	9周×2节	尚蔓	
6	木桥梁结构模型设计	以桥梁结构设计为落脚点，将力学知识、数学知识、美学知识、技术能力与思维方式相融合，发现问题并解决问题	9周×2节	王永来	

续　表

序号	项目名称	教学内容简介	课时	教师	备注
7	数学话剧	数学文化传播是数学教育的重要组成部分之一，而数学话剧则是以学生喜闻乐见的艺术形式展现数学史上的经典故事。数学话剧旨在还原数学史实，展示其教育价值	9周×2节	陈起标	
8	科普微视频创作	了解微视频相关的编导、摄影知识以及构图方法等，撰写剧本和分镜头剧本并进行表演和拍摄，完善作品并展示评价	9周×2节	朱婷婷	
9	地球科学探究与实践	涵盖地质地貌、地球物理、天文学及环境科学等知识与技能，结合野外考察和实践活动，关注现实问题，旨在保护环境，协调人类与地球之间的关系	9周×2节	许传宝	
10	荧光蛋白光学探究	从微观的视角探究荧光蛋白的吸收和发光的机理，并设计出"理想的"的生色团	9周×2节	陈发生	

3. 选课系统开发

为了让学生能够更加高效地选课，学校精心打造了在线选课平台，如图4-1-3所示。该平台界面简洁、功能强大，为学生提供了极为便利的选课体验。在这个平台上，学生可以在首页轻松找到"选课管理"入口，进入全部课程、个人课程以及艺体选课等栏目。这些栏目涵盖了学校所开设的所有课程，让学生能够一目了然地了解课程设置和安排。学校在线选课平台以人性化的设计、实用的功能，赢得了广大师生的好评。它不仅提高了学生的选课效率，优化了课程设置，还使教育教学变得更加精细化、个性化。

图4-1-3　选课管理系统界面

学校课程设置丰富多样，旨在满足不同学生的学习需求。这样的课程体系下，学生享有充分的自主权，可以在我的课程选项中查看自己已选择的课程。这些课程的信息一应俱全，包括课时、学分、课程名额、课程介绍以及已选择该课程的学生等相关信息，如图4-1-4所示。学生可以随时了解自己的课程安排和进度，为后续的学习做好准备。课程介绍部分，学校会提供详细的教学大纲和课程目标，帮助学生了解课程的核心内容和教学方法。此外，学生之间可以相互交流，分享学习心得和经验，促进彼此的学术成长。课程选择过程中，学校还会根据学生的实际情况和需求，定期调整课程设置。通过这种灵活的课程选择机制，学校为学生提供了个性化的学习路径，使他们在全面发展的基础上，充分发挥自己的特长和潜力。

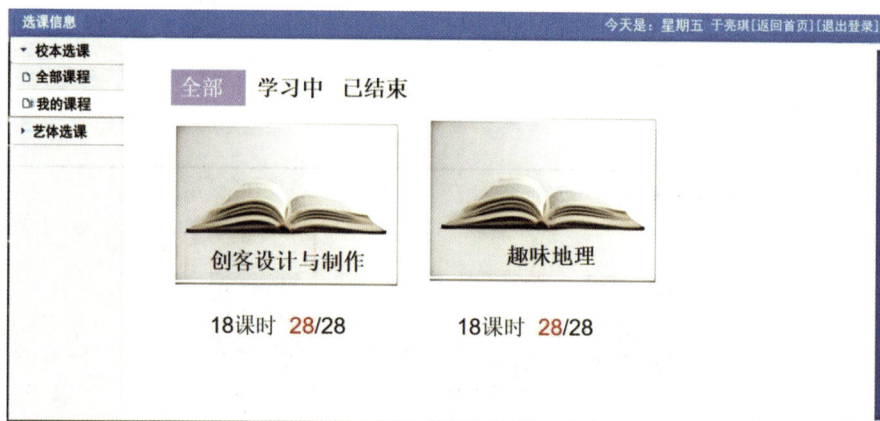

图 4-1-4　我的课程界面

4.2　科技创新课程典型课例

4.2.1　机器人课程典型课例

【课例1】"机器人制作综述"教学设计

课例名称	机器人制作综述
本课介绍	本节课主要通过视频、实物展示等方式，让学生了解机器人及其主要类型，小组探讨机器人的发展方向
教学目标	（1）了解机器人的定义和主要分类； （2）了解机器人的主要发展方向； （3）以实物机器人为例，引导学生了解机器人的主要特点
器材、工具或资源	视频资料、实物乐高机器人等

续 表

课例名称	机器人制作综述
方法与步骤（教学过程）	（1）情境导入。教师播放几个电影片段中的机器人，引发学生共鸣。提出问题： ①什么是机器人？ ②同学们觉得机器人具有哪些特点？ （2）实物演示。展示一些实物乐高机器人。 （3）机器人定义简介。 （4）机器人学科知识。视频播放：国内外一些有特色的实物机器人，激发学生兴趣。 （5）自主探究。每个小组分别使用教师展示的几组实物机器人，直观地了解： ①机器人的基本特征； ②机器人的结构组成。 （6）请学生就机器人的特征等谈一谈自己的认识
原理和解释	机器人（Robot）是自动执行工作的机器装置。它既可以接受人类指挥，又可以运行预先编制的程序，根据以人工智能技术制订的原则纲领行动
拓展、延伸	思考：机器人未来的发展趋势如何
评价	

【课例2】"机器人仿生蚂蚁"教学设计

课例名称	机器人仿生蚂蚁
本课介绍	本节课是利用触动传感器及机器人编程来仿生蚂蚁，通过对蚂蚁生活习性的观察和思考让学习者进行机器人的设计和编程
教学目标	（1）认识触动传感器； （2）学会使用触动传感器设计程序让机器人避障； （3）通过搭建和编程机器人仿生蚂蚁，培养学生的逻辑思维能力、动手能力和创造力
器材、工具或资源	乐高机器人套装

课例名称	机器人仿生蚂蚁
方法与步骤 （教学过程）	拿起一个放大镜到草丛里去观察蚂蚁的生活。可以看到在蚂蚁的头部有一对触角，呈左右分布。蚂蚁在爬行的过程中，其触角在不停地晃动，像是探路的样子，当蚂蚁的触角触碰到物体时，蚂蚁会选择转向障碍物的一侧继续前行。我们可以模仿蚂蚁设计一个有"一对触角"的机器人。 师：课堂上播放蚂蚁的视频，学生观察蚂蚁的结构、动作以及避障的方式。 图4-2-1　蚂蚁避障示意 1.机器人结构设计 在机器人前部、左右两侧分别配备触动传感器，两者组合共有四种状态。当机器人在行进过程中，若未触发任何一侧的传感器，说明未遇到障碍物，机器人可继续前行。若左侧传感器被触发，表明障碍物位于机器人行进方向的左侧，此时机器人可选择右转前行；若右侧传感器被触发，说明障碍物位于机器人行进方向的右侧，机器人可选择左转前行；若两侧传感器均被触发，说明障碍物位于机器人正前方，机器人需后退，并选择右转（或左转）前行。 图4-2-2　机器人仿生蚂蚁搭建 连接左前方触动传感器至EV3程序块的端口1，右前方触动传感器至端口2，左右驱动轮的大型电机分别对应端口B和C。

课例名称	机器人仿生蚂蚁
方法与步骤（教学过程）	2.程序设计 图 4-2-3　机器人仿生蚂蚁程序设计 3.程序分析 循环{外部切换模块： 如果触动传感器 1 被按下，为"真"，运行上方的程序序列，即内部上方的切换模块： [如果传感器 2 被按下，为"真"（两个传感器都被按下，障碍物在正前方），机器人停止，然后以功率-20 后退 0.3 圈，C 电机以功率-20 旋转 0.9 圈，让机器人转向右边；否则为"伪"（传感器 2 松开，障碍物在左边），C 电机以功率-20 旋转 0.8 圈，让机器人转向右前方] 否则触动传感器 1 松开，为"伪"，运行下方的程序序列，即内部下方的切换模块： [如果传感器 2 被按下，为"真"（传感器 1 松开，障碍物在右边），B 电机以功率-20 旋转 0.8 圈；让机器人转向左前方；否则传感器 2 松开（两个传感器都处于松开状态，机器人没有遇到障碍物），为"伪"，机器人前进}}

课例名称	机器人仿生蚂蚁
方法与步骤 （教学过程）	4.拓展阅读 蚂蚁的世界，每天的工作可能就是找食物、搬食物。蚂蚁的触角是用来探知障碍、声波、滋味、气味、湿度、温度等，除此之外还可以维持身体平衡。当觅食的蚂蚁探测到障碍物时，一般会随机选择其他方向。人们研究蚂蚁觅食的过程中，发现单个蚂蚁的行为比较简单，但是一群蚂蚁的运动却表现出一些智能的行为。当蚂蚁找到食物的时候，就会向周围环境散发一种信息素。信息素是在一定范围内有效，随着时间推移会逐渐消失，这就像喷了香水一样。其他的蚂蚁如果发现这种信息素就会过来，这样就会有更多的蚂蚁找到食物。第一只蚂蚁找到的路径可能不是最优的，蚂蚁感受到信息素的时候会沿着信息素多的方向走；但是它们偶尔会另辟蹊径，如果它们通过这条路也找到了食物，而且这条路比之前的路径更短，那么更多的蚂蚁会被吸引到这条路径上来。相同的时间里，路径越短，蚂蚁走的次数就越多，散发的信息素浓度越高，最终一群觅食的蚂蚁就可以寻找到到达食物位置最短的路径了。根据这一现象，人们发明了蚁群算法，蚁群算法是一种用来寻找优化路径的编程算法
原理和解释	机器人移动时，前方的触动传感器被按下，机器人转弯或后退
拓展、延伸	（1）优化程序，让机器人能够在复杂的环境下成功避障行走； （2）当机器人发生正面碰撞时，两个触动传感器都会被按下，设计程序，让机器人可以随机选择左转弯或右转弯
评价	

4.2.2　航模与无人机课程典型课例

【课例1】"初识无人机1"教学设计

课例名称	初识无人机1
本课介绍	本节课主要让学生了解无人机（四轴飞行器）的飞行原理、基本结构，利用无人机散件自己动手组装一台无人机
教学目标	（1）了解无人机（四轴飞行器）基本结构及飞行原理； （2）了解无人机内部电路及其基本结构，动手组装一台无人机
器材、工具或资源	DIY无人机散件
方法与步骤（教学过程）	引入：播放无人机航拍视频画面，领略无人机的魅力。 师：好莱坞大片总少不了航拍镜头，以前的解决方案一般是用一架直升机，把摄影师送到空中拍摄。随着无人机技术的发展与成熟，越来越多的电影项目开始采用无人机航拍的解决方案。今天开始，我们要在美丽的合肥一中，以无人机的独特视角，拍出我们合肥一中的精彩大片。 要想用无人机拍出精彩大片，首先要了解无人机的基本组成及其功能： （利用散件介绍无人机结构，并简单介绍各部分的功能） （1）机架（连接飞机各组成部分）； （2）飞控（无人机的大脑，控制无人机飞行状态）； （3）电机×4（提供螺旋桨动力）； （4）ESC×4（接收飞控指令，控制每个螺旋桨转动速度）； （5）螺旋桨×4（旋转产生升力）； （6）接收机（从飞控接收飞行指令）； （7）电池（飞机动力来源）； （8）防护圈。 四轴无人机的螺旋桨两个顺时针转动，两个逆时针转动，所以在安装时一定要看清楚螺旋桨叶片方向，那么大家知道为什么螺旋桨要这样转动呢？ 由于反扭矩的原因，四轴无人机需要相邻的两个螺旋桨转向相反，来相互抵消这种反扭转现象，使得飞机能平稳飞行。 对于四轴飞行器来说，将不同的方向组合起来，每个电机都会产生反扭矩，每个电机的反扭矩又相互抵消，机身就能正常飞行了

课例名称	初识无人机1
方法与步骤 （教学过程）	大家已经了解了无人机的基本组成及其简单的飞行原理，接下来，大家就利用无人机散件，动手组装一台属于我们的无人机吧。 学生活动：利用散件组装无人机 图4-2-4　四旋翼无人机
原理和解释	无人机飞行过程：地面控制者向接收器发射指令，接收器将指令传递给飞控，飞控分析后将指令传递给四个电调，四个电调输出对应的功率，控制无人机做不同的飞行动作
拓展、延伸	思考：无人机如何实现垂直运动、俯仰运动、滚转运动、偏航运动、前后运动的？（即四个电机是如何工作的）
评价	

【课例2】"初识无人机2"教学设计

课例名称	初识无人机2
本课介绍	本节课主要让学生了解无人机避障飞行原理，通过编程学会控制无人机进行各种避障飞行
教学目标	（1）认识无人机前视TOF传感器和下视TOF传感器，了解TOF传感器原理； （2）学会设计程序让无人机避障飞行、跟随飞行、越障飞行
器材、工具或资源	四旋翼无人机、电脑

课例名称	初识无人机2
方法与步骤 （教学过程）	无人机在自主飞行的过程中，尤其在起飞、降落以及低空飞行阶段，往往会遇到大树、建筑物、山丘、悬崖峭壁等障碍物，这时候无人机需要避开这些障碍物，绕过去、悬停或是后退。如果无人机与障碍物不小心接触，将极有可能造成无人机坠毁。 无人机避障使用的传感器通常有超声波传感器、红外传感器、激光雷达、摄像头等。TT无人机采用的是红外传感器避障，也叫TOF传感器。 1.无人机避障 无人机在教室内自主飞行，当无人机遇到墙壁时，无人机需要停止并悬停，然后无人机可以选择左转或右转沿着墙壁飞行，或是原路返回。 设计程序，当无人机遇到障碍物时，无人机掉头并沿着原路返回。 图4-2-5 无人机避障程序 无人机起飞后，在循环模块中，每向前飞行20厘米停一下，然后判断前方60厘米以内是否有障碍物。当无人机前方出现障碍物，测量其距离小于60厘米时，循环模块结束运行，红灯闪烁，无人机掉头返回，飞行100厘米后降落。

课例名称	初识无人机2
方法与步骤（教学过程）	**2.无人机越障** 无人机遇到障碍物，有时候需要绕过障碍物继续向前飞行，无人机可以选择从障碍物的左侧或右侧绕过；当障碍物的左右两侧延伸得很长，就像一堵围墙，无人机要想继续向前飞行，可能需要选择从障碍物的上方绕过。 飞行任务：无人机自主飞行，当遇到障碍物时，无人机从障碍物的侧方绕过并回到原来的方向继续飞行。 程序设计如图4-2-6所示，无人机起飞，循环{无人机向前走20厘米，直到TOF测距小于500毫米，说明无人机遇到了障碍物，循环结束}；设置变量"飞行次数"的值为0，循环{无人机向左飞20厘米，每飞行一次，变量"飞行次数"的值增加1，直到TOF测距大于1 000毫米，说明无人机前方无障碍物，循环结束}；无人机继续向左飞20厘米，以此来保证无人机向前飞时不会碰到障碍物，将变量"飞行次数"再增加1，向前飞60厘米，然后向右飞距离为"20厘米乘以变量'飞行次数'"，让无人机回到初始的方向，无人机在原来的方向继续向前飞100厘米，最后降落。  图4-2-6 无人机越障程序

课例名称	初识无人机2

	3.无人机跟随拍摄
	在无人机航拍中有一个智能跟随拍摄功能，通过视觉跟踪技术让无人机识别被拍摄的物体并追踪拍摄，如图4-2-7所示。智能跟随拍摄功能不仅可识别并且自主追踪拍摄对象，而且在跟随过程中，机头朝向飞行方向，还能够实时避障。根据特殊飞行任务的需求，无人机还能在拍摄物体的侧边保持同步移动，进行平行跟拍。无人机能够跟随的对象可以是人、宠物、自行车、汽车等运动的物体，根据物体类型和运动状态调节跟踪参数，始终保持无人机与物体处于同步状态，而且相对距离基本保持不变。例如，当被跟随的物体向前或向后运动时，无人机跟随它一起向前或向后运动。当这个物体停止时，无人机将与对象保持一定的距离，并悬停在其上空。 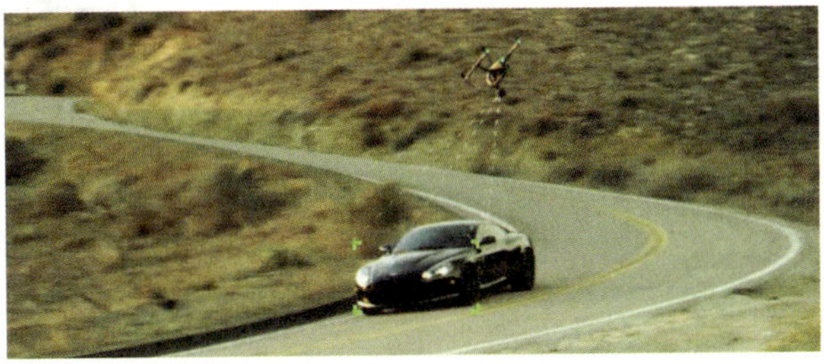
方法与步骤（教学过程）	
	图4-2-7　无人机跟随拍摄
	飞行任务： 无人机在你的前方起飞并上升到一定高度，无人机自主跟随你一起前进或后退，当你停止脚步时，无人机也将与你保持一定的距离并悬停。 无人机起飞后上升到1.3米的高度处悬停，无人机与跟随对象保持1米（1000 mm）左右的距离，当不等式 成立时，意味着无人机与跟随对象的距离超过1米，则无人机向前运动靠近跟随对象；当不等式 成立时，意味着无人机与跟随对象的距离小于1米，则无人机向后运动远离跟随对象。如图4-2-8所示。

课例名称	初识无人机2
方法与步骤 （教学过程）	 图4-2-8　无人机跟随拍摄程序 试一试： （1）设计程序，当无人机跟随飞行的任务完成后，控制无人机降落。 （2）设计程序，无人机飞向你的头顶上方，当你蹲下时，无人机自动下降，当你站起时，无人机自动上升
原理和解释	TT无人机可通过无人机机身下方的TOF高度传感器和无人机拓展模块自带的TOF测距传感器感知障碍的远近。TOF的意思为"Time of Flight"，翻译为"光飞行的时间"，光速约为30万米每秒。TOF传感器主要由红外发射器和接收器组成。 在使用TOF传感器时，传感器的红外发射器发出红外光，同时开始计时，红外光遇到物体时会发生反射，当反射回来的光到达了接收器，计时终止。从开始计时到计时终止的这段时间即为"光飞行的时间"，这也是红外光发射和返回需要的时间差（t）。路程（s）、速度（v）与时间（t）的公式：

课例名称	初识无人机2
原理和解释	路程=速度×时间，也可表达为 $s = vt$。 根据以上公式可以计算出红外光传输的全路程，而实际上传感器与物体之间的距离只有红外传输距离的一半，再进行一次计算可得TOF传感器到物体的距离（d）：$d = \dfrac{s}{2}$。 前视TOF测距传感器属于单点测距，需要障碍物在传感器的正前方才能被探知。下视TOF传感器可以测量高度数据，无人机使用此传感器可控制飞行高度。如图4-2-9所示  图4-2-9　前视TOF测距传感器
拓展、延伸	（1）自主飞行的无人机遇到墙壁后返回到起点； （2）无人机在教室内沿着墙边飞行，当飞到墙角时避障转弯； （3）设计程序，当无人机遇到障碍物时，无人机以随机的方式向左或向右转弯； （4）设计程序，无人机优先从上方绕过障碍物，如果上方还有障碍，无人机自动选择从障碍物的左侧或右侧绕过并继续向前飞行
评价	

【课例3】"电动纸飞机"教学设计

课例名称	电动纸飞机
本课介绍	本节课是通过"飞行客"纸飞机让学生认识纸飞机的工作原理、纸飞机的动力系统及原理，学会自己动手制作、放飞和调试电动纸飞机
教学目标	(1) 认识纸飞机及其飞行原理； (2) 学习纸飞机的动力系统及原理； (3) 学会电动纸飞机制作、放飞以及调试方法，让纸飞机成功飞行
器材、工具或资源	"飞行客"电动纸飞机、透明胶带、A4纸、螺丝刀、3节7号电池
方法与步骤（教学过程）	纸飞机的飞行动力来自手掷的一瞬间，那能不能给纸飞机添加持续的动力呢？发挥我们的想象，用微型电机带动螺旋桨为纸飞机提供持续的推动力，采用质量轻小的电源为电机供电。至此，一架电动纸飞机已飞入了我们的创造空间。 "飞行客"电动纸飞机就是在纸飞机的基础上添加了一套动力系统。动力系统的头部是保护装置和电容，尾部是动力强劲的空心杯马达和推桨。"飞行客"电动纸飞机翼展16.5厘米，机长21厘米，采用3节7号电池对电容充电3~5秒即可让纸飞机飞行数十秒的时间。当然，我们也可以折出自己心中最棒的纸飞机，与动力系统结合，把"飞行客"改造成独一无二的电动纸飞机，让它自由翱翔在天空中！如图4-2-10所示。 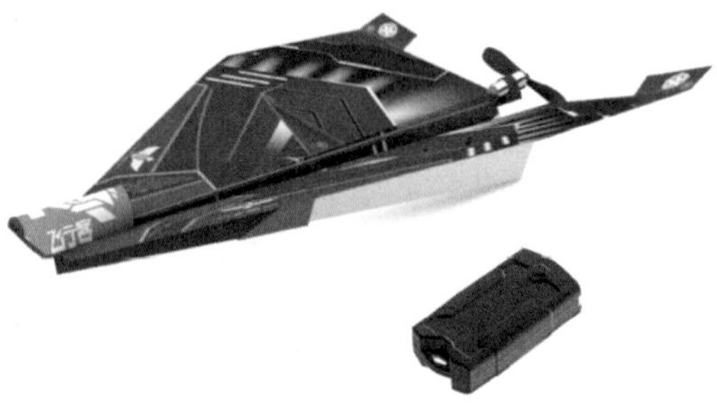 图4-2-10 电动纸飞机 我们还可以进一步发挥创造力，不仅希望纸飞机能够获得持续的飞行能力，还希望它在飞行过程中我们能够遥控飞行，这需要遥控系统等。让我们动起手来，创造一架遥控纸飞机。

课例名称	电动纸飞机
方法与步骤 （教学过程）	**1.模型制作** （1）取出折纸，沿虚线折出纸飞机，必要的地方采用透明胶带加固。如图4-2-11所示。 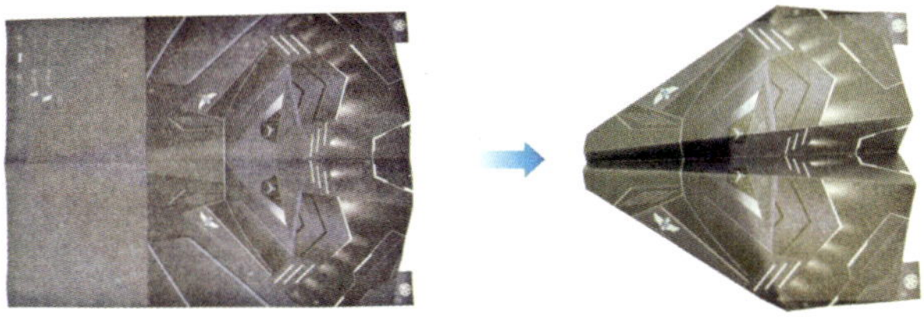 图4-2-11　折纸飞机 （2）使用固定片和透明胶带组合对纸飞机进行定型和加固，固定片距离纸飞机头部为5厘米。如图4-2-12所示。 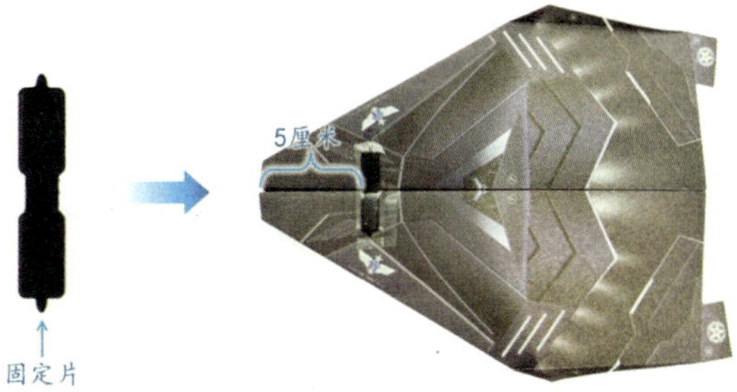 图4-2-12　定型和加固纸飞机 （3）将动力系统从纸飞机的头部推入，让动力系统固定在纸飞机上。如图4-2-13所示。 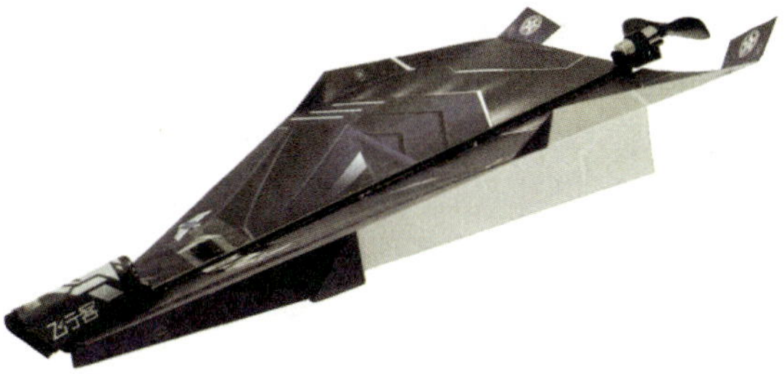 图4-2-13　固定动力系统

课例名称	电动纸飞机
方法与步骤 （教学过程）	（4）正视纸飞机，检查纸飞机的对称性和精确度，然后调整固定片，让机翼的上反角成约2°~3°，最后将升降舵微微向上偏折。如图4-2-14所示。  2°~3° ⟋———————————⟍ 2°~3° 图4-2-14　机翼 （5）给充电器安装3节7号电池，安装时注意电池的正负极，检查纸飞机头部的开关是否处于关闭状态（OFF位置）。将充电器插入机头充电，这时候可以看到机头指示灯逐渐变亮，即表示正在充电，当指示灯亮度保持不变时则表示充电完成，须立即拔出充电器。如图4-2-15所示。  指示灯 图4-2-15　充电 2.模型放飞 在无风或微风环境下，打开纸飞机头部的开关（ON位置），螺旋桨转起，以迎风斜向上15°~30°将纸飞机轻轻掷出，观察纸飞机的飞行姿态和轨迹。若飞机能够以较大的盘旋半径顺时针（或逆时针）平稳爬升，则飞行正常；若出现以下的飞行情况，则需根据具体的飞行状态做出相应的调整。 （1）若飞机出现波状飞行，将两侧的升降舵同时向下偏折； （2）若飞机爬升不明显或下滑，将两侧的升降舵同时向上偏折； （3）若飞机向右盘旋的半径过小、飞机右倾明显、难以爬升，或者盘旋下降，将机翼右侧的升降舵微微向下调整，左侧的升降舵微微向上调整； （4）若飞机向左盘旋的半径过小、飞机左倾明显、难以爬升，或者盘旋下降，将机翼左侧的升降舵微微向下调整，右侧的升降舵微微向上调整

课例名称	电动纸飞机
原理和解释	"飞行客"电动纸飞机的动力系统主要由电机、螺旋桨、储电元件、电路等部分组成，采用3节7号电池可以对动力系统充电。如图4-2-16所示。  图4-2-16　电动纸飞机动力系统 "飞行客"电动纸飞机的储电元件采用的是电容器。两个相互靠近的导电板之间夹一层不导电的绝缘介质，就构成了电容器。当电容器的两个导电板之间加上电压时，电容器就会储存电荷。 使电容器带电（储存电荷）的过程称为充电。把电容器的一个导电板接电源的正极，另一个导电板接负极，两个导电板就分别带上了等量的异种电荷。充电后电容器的两极板之间就有了电场，充电过程把从电源获得的电能储存在电容器中。 充电后的电容器失去电荷（释放电荷）的过程称为放电。例如，用一根导线把电容器的两极接通，两极上的电荷互相中和，电容器就会放出电荷和电能。放电后电容器的两极板之间的电场消失，电能转化为其他形式的能
拓展、延伸	取一张A4纸，重新折一架不一样的纸飞机，将"飞行客"电动纸飞机的动力系统安装到这架新折的纸飞机上，通过试飞调整，让纸飞机成功飞行
评价	

4.2.3 创客课程典型课例

【课例】 "声控流水灯"教学设计

课例名称	Arduino 智能造物（初级篇）——声控流水灯
本课介绍	本项目是以智能灯为案例，初步体验智能造物的乐趣。通过声控流水灯这个项目，让学生体验人工智能并不是那么遥不可及。通过 Arduino 这类开源硬件平台，去实现你的各种想法，解决问题
教学目标	（1）了解什么是 STEAM，了解什么是 Arduino； （2）通过 Arduino 平台编程实现输入与输出，体验简单的人机互动； （3）简单电路设计与实践； （4）经历造物的过程，培养工程思维； （5）体验外观的设计过程，培养艺术素养
器材、工具或资源	Arduino 主控板及扩展板、人体红外热释电传感器模块、LED 灯模块、电烙铁等
方法与步骤（教学过程）	一、什么是 STEAM STEAM 是五个单词的缩写：Science（科学），Technology（技术），Engineering（工程），Art（艺术）和 Maths（数学）。STEAM 课程教育源自美国政府提出的关于加强科学、技术、工程、艺术和数学的教育提议。 STEAM 是一种更具有创意性的教育方式，以技术为工具传授孩子理工科知识，让孩子在学习基础理工科知识的过程中，不断提高自己的创造能力。 二、用开源电子平台实现创意 1.Arduino 与树莓派的区别 当涉及硬件编程控制和传感器模拟数据采集时最好选用 Arduino；当涉及大型数据处理、创建软件应用，特别是那些带有 GUI 或者需要键盘鼠标接口时，树莓派是一个非常好的选择。

续　表

课例名称	Arduino智能造物（初级篇）——声控流水灯
方法与步骤 （教学过程）	2.Arduino基本知识 （1）Arduino是一个基于简单易用的硬件和软件的开源电子平台。 （2）Arduino IDE编程界面，如图4-2-17所示。 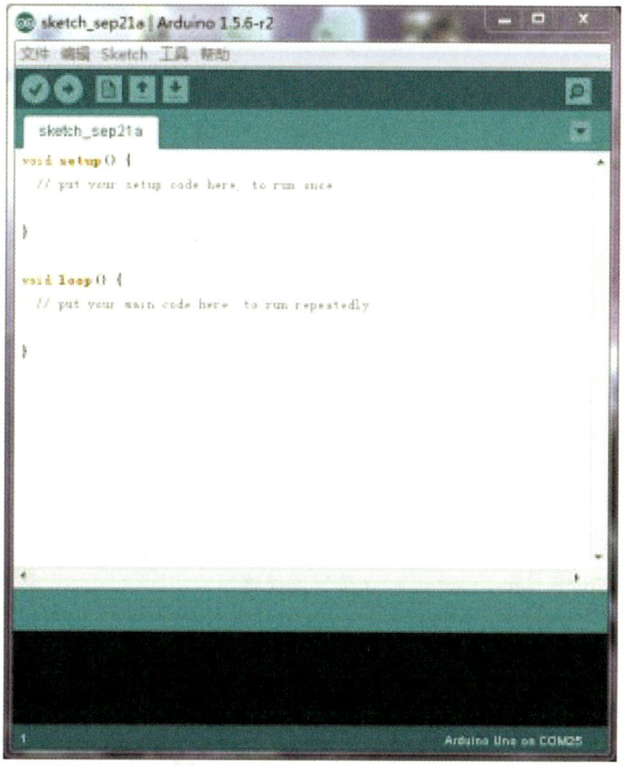 图4-2-17　Arduino IDE编程界面 （3）Arduino程序架构大体分为三部分： ①声明变量及接口的名称。 ②setup（）函数。在Arduino程序运行时首先要调用setup（）函数，用于初始化变量、设置针脚的输出/输入类型、配置串口、引入类库文件等。 ③loop（）函数。在setup（）函数中初始化和定义变量，然后执行loop（）函数。该函数在程序运行过程中不断循环，根据反馈，相应地改变执行情况。

课例名称	Arduino智能造物（初级篇）——声控流水灯

方法与步骤（教学过程）	三、项目体验
	
	1.感应灯（图4-2-18）
	硬件准备：Arduino主控板及扩展板、LED灯模块、人体红外热释电传感器模块。
	
	图4-2-18　感应灯图示
	
	2.代码
	int sensorPin =2; //传感器连接到数字2
	int ledPin = 13; //LED连接到数字13
	int sensorState =0; //变量sensorState用于存储传感器状态
	void setup() {
	pinMode(ledPin， OUTPUT); //LED为输出设备
	pinMode(sensorPin， INPUT); //传感器为输入设备
	}
	void loop(){
	sensorState = digitalRead(sensorPin); //读取传感器的值
	if (sensorState == HIGH) { //如果为高，LED亮
	digitalWrite(ledPin， HIGH);
	}
	else { //否则，LED灭
	digitalWrite(ledPin， LOW);
	}

续　表

课例名称	Arduino智能造物（初级篇）——声控流水灯
方法与步骤 （教学过程）	3.硬件分析：（数字输入→数字输出） 整个装置分为三个部分，输入、控制与输出。人体红外热释电传感器为输入设备，Arduino是控制设备，LED发光模块为输出设备。由于人体红外热释电传感器为数字传感器，所以接数字口。LED输出信号也是数字量，同样接数字口
原理和解释	通过Arduino平台编程理解人体红外感应灯的输入与输出逻辑，实现简单的人机互动
拓展、延伸	学有余力的同学，可拓展尝试其他智能灯以及电子灯牌项目
评价	

4.2.4　科普微视频创作课程典型课例

【课例1】"科普微视频创作1"教学设计

课例名称	科普微视频创作1
本课介绍	本节课让学生在讨论和思考中选定科普微视频创作的主题，并通过思维导图梳理相关知识，为接下来寻找素材资源做准备
教学目标	就某一科学知识或者科学技术进行探究
器材、工具 或资源	纸笔、电脑及互联网
方法与步骤 （教学过程）	（1）教师介绍课程内容和学习目标； （2）展示全国中小学科学影像节获奖作品并学习参赛要求； （3）布置任务，提出建议和要求，开展头脑风暴活动，让学生借助网络资源和其他同学共同讨论科普微视频创作所需考虑的问题； （4）学生自行分组，讨论分析并选定各自选题，教师给予帮助和指导； （5）结合选题在纸上绘制思维导图，分析和梳理所需要表达的内容和主旨，厘清需要获取的各种素材，并设计创作思路
原理和解释	视频作品的创作需要良好的规划，对作品必要性和可行性进行合理分析
拓展、延伸	了解思维导图的意义和一般绘制方法，初步了解绘制软件，如Xmind
评价	

【课例2】"科普微视频创作2"教学设计

课例名称	科普微视频创作2
本课介绍	掌握科普微视频创作的基本流程,并学会运用常用的视频剪辑软件执行基础的视频编辑任务
教学目标	(1)了解科普微视频的基本概念、特点和类型,掌握科普微视频创作的基本流程,包括选题、脚本撰写、拍摄、剪辑等环节; (2)学会使用常用的视频剪辑软件进行简单的视频编辑操作; (3)通过案例分析,培养学生观察、分析和归纳的能力; (4)激发学生对科学知识的兴趣,增强学生传播科学知识的责任感,培养学生的创新意识和审美能力,提高学生对视频制作的热爱
器材、工具或资源	优秀科普微视频案例、手机、相机、相关软件
方法与步骤(教学过程)	1.视频导入 (1)播放一段有趣的科普微视频,如"黑洞是怎样形成的"; (2)提问学生对视频的感受,是否从中学到知识,是否被吸引等,引出本节课的教学课题——科普微视频创作。 2.知识讲解 (1)介绍科普微视频。 概念:科普微视频是一种以简短的视频形式传播科学知识的作品,通常时长在几分钟以内。 特点:主题明确、内容精练、形式多样、传播快速等。 类型:如知识讲解型、实验演示型、动画展示型等。 (2)科普微视频创作流程。 ①选题。选题要新颖、有趣,具有科学性和实用性。可以从日常生活中的科学现象、科学实验等方面选题。例如:"手机辐射对健康的影响","神奇的植物睡眠运动"。 ②脚本撰写。脚本撰写非常重要,它是视频制作的重要依据,也是后期视频剪辑的依据。脚本的基本结构包括镜头序号、景别、画面内容、台词、时长等。

课例名称	科普微视频创作2
方法与步骤（教学过程）	③拍摄。 拍摄设备：手机、相机等。 拍摄方式：横屏或竖屏。 拍摄的基本技巧：如光线的运用、构图的原则（三分法、对称构图等）。 ④剪辑。 常见的剪辑软件有剪映、会声会影、Camtasia Studio 8等。 剪辑的主要任务包括素材的筛选、拼接、添加字幕、特效、背景音乐等。 3.案例分析 展示几个不同类型的优秀科普微视频案例。 学生分组讨论，分析每个案例在选题、脚本、拍摄、剪辑等方面的优点。 分享交流。 4.小组合作完成挑战任务 分组：将班级学生分组，每组4—5人。 挑战任务：每个小组选择一个科普主题，按照创作流程进行科普微视频的创作。 教师巡视指导，解答学生的疑问，指导学生操作，确保学生能够顺利制作。 5.作品展示与评价 每个小组推选一名代表展示本小组创作的科普微视频。 其他小组进行评价，评价内容包括选题的合理性、脚本的质量、拍摄的效果、剪辑的技巧等方面。 教师进行总结评价，肯定学生的努力和创意，同时指出存在的问题和改进的方向。 6.课堂总结 回顾本节课所学的科普微视频创作的知识和技能，鼓励学生在课后继续探索和实践，制作更多优秀的科普微视频，传播科学知识
原理和解释	科普微视频是一种以简短的视频形式传播科学知识的作品，通常时长在几分钟以内。选题要新颖、有趣，具有科学性和实用性，脚本撰写非常重要，它是视频制作的重要依据，也是后期视频剪辑的依据。利用工具拍摄、剪辑
拓展、延伸	创作科普微视频参加全国电脑作品制作大赛及其他微视频比赛

续　表

课例名称	科普微视频创作2
评价	

4.2.5　科技创新课程典型课例

【课例1】"植物闹钟"教学设计

课例名称	植物闹钟
本课介绍	本节课以植物闹钟为落脚点，将生物知识、化学知识、物理知识、数学知识、技术能力与思维方式相融合，在项目活动中发现问题并解决问题；同时尊重事实，尊重同伴，倾听和尊重不同观点，积极讨论与交流，在探究过程中学会相互合作、交流与分享
教学目标	(1) 综合能力：培养从全新的视角看待问题，或者重新界定问题的能力； (2) 分析能力：提升分析问题的能力； (3) 实践能力：提高有效呈现和展示创造性产品的能力； (4) 思维能力：养成对现有问题、现象或产品进行批判性思考的能力
器材、工具或资源	导线、铜锌片、电子表、剥线钳、剪刀、植物、原电池套装、电流表等
方法与步骤（教学过程）	(1) 介绍原电池原理； (2) 植物闹钟需要的材料及原理； (3) 植物闹钟制作、注意事项介绍； (4) 小组讨论设计方案、绘制草图； (5) 材料及费用预算； (6) 购买材料； (7) 动手操作； (8) 展示评价
实施	项目实施的有效性和高效性依赖于前期的计划和准备，因此方案的讨论与设计非常重要。活动中充分以"问题解决""建立联系""表达交流""合作互助""实践操作"等为考查维度，在真实情境中培养学生解决实际问题的能力，注重学生能力全面发展
拓展、延伸	植物电灯
评价	

【课例2】　"竞赛无线抢答器"教学设计

课例名称	竞赛无线抢答器
本课介绍	本节课旨在让学生了解无线电通信的基本原理，并通过动手制作无线抢答器来掌握基本的电子电路知识和编程技能
教学目标	（1）认识无线通信技术； （2）了解无线电信号的传输原理； （3）学会设计和制作一个简单的无线抢答器； （4）掌握基本的电子元件焊接和编程技能
器材、工具或资源	无线发射模块（如433 MHz或2.4 GHz模块）、无线接收模块、微控制器主控板（如Arduino）、按钮开关、蜂鸣器、LED灯、电阻、电容、面包板、焊接工具、电脑等
方法与步骤（教学过程）	在竞答中，无线抢答器是一种常用的设备，它能够快速准确地判断哪个队伍最先按下抢答按钮。本课程将引导学生设计并制作一个无线抢答器。 （1）无线通信原理介绍。 首先，向学生介绍无线通信的基本原理，包括信号的发射、传输和接收过程。讲解无线电信号是如何在空间传播并被接收器捕获的。 （2）无线抢答器设计。 接下来，指导学生设计无线抢答器的电路图和程序流程图。电路图应包括发射模块、接收模块、微控制器、按钮开关、蜂鸣器和LED灯等元件的连接方式。 （3）元器件焊接与组装。 学生根据电路图，使用面包板或焊接工具将各个电子元器件组装起来。确保所有连接正确无误，并进行测试。 （4）编程与调试。 使用电脑编写程序，使微控制器能够接收无线电信号，并在接收到信号时控制蜂鸣器和LED灯作出响应。程序编写完成后，进行调试，确保抢答器能够正常工作。 （5）测试与优化。 将无线抢答器进行实际测试，检查其响应速度和准确性。根据测试结果对抢答器进行优化，提高其性能。

课例名称	竞赛无线抢答器
方法与步骤 （教学过程）	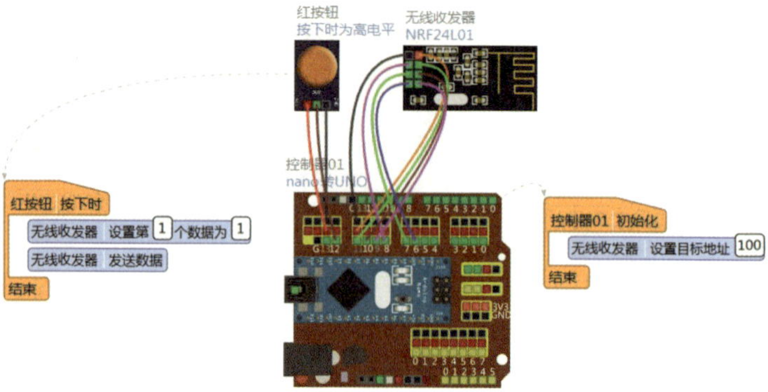 图4-2-19　选手端设计 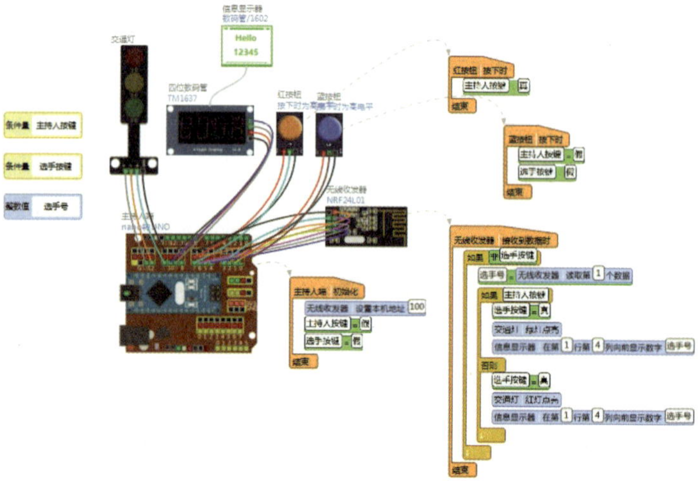 图4-2-20　主持人端设计 试一试： （1）设计程序，当抢答器被触发时，除了发出声音和亮灯外，还能显示抢答队伍的编号。 （2）设计程序，使得抢答器在一定时间内禁止再次抢答，以防止重复抢答

续　表

课例名称	竞赛无线抢答器
原理和解释	无线抢答器的工作原理基于无线通信技术。发射模块将按钮按下的信号转换成无线电信号发射出去，接收模块接收到信号后，微控制器解析信号并控制蜂鸣器和 LED 灯作出响应。这样可以迅速准确地判断出哪个队伍最先抢答
拓展、延伸	（1）增加一个计分系统，自动记录每个队伍的得分； （2）设计一个多通道抢答器，可以同时支持多个队伍抢答； （3）增加一个无线遥控功能，让主持人可以通过遥控器控制抢答器的开始和结束
评价	

4.2.6　通用技术课程典型课例

【课例1】"木桥梁结构模型"教学设计

课题	木桥梁结构模型
本课介绍	本节课以木桥梁结构设计为落脚点，将力学知识、数学知识、美学知识、技术能力与思维方式相融合，在项目活动中发现问题并解决问题；让学生熟悉木结构桥梁，学会设计制作木结构桥梁
教学目标	（1）掌握桥梁的设计原理，进行结构分析； （2）了解常见的木结构桥梁； （3）提高动手能力
器材、工具或资源	美工刀、燕尾夹4个、速干胶一支、700细沙纸半张、2.5 mm×2.5 mm×550 mm松木条24根、直尺

课题	木桥梁结构模型
方法与步骤（教学过程）	（1）桥梁介绍（科普）； （2）桥梁设计中力学基础知识介绍； （3）展示木桥梁结构模型案例（明确目标与方向）； （4）分组、分工，查阅资料； （5）讨论设计方案、绘制草图； （6）明确汇报展示设计方案内容（小组汇报介绍）； （7）各组分别介绍方案（PPT分享），主要内容包括：设计思路，结构设计创意（创新），成本预算。哪些部分主要考虑强度因素、如何提高强度，哪些部分主要考虑稳定性因素、如何增强稳定性，设计中可能会遇到的困难、如何解决遇到的困难等
原理和解释	从功能上可把桥梁上部结构分为直接承受活载的桥面系和承受主要恒、活载的承重结构两个部分。承重结构的主要形式有以受弯为主的梁和以受轴力为主的拱和索。从工程角度看，桥梁基本承重结构体系有梁桥、拱桥和索桥三类。从力学特性上看，悬索倒过来就是拱，所以仅从力学角度看，只有两类基本的桥梁承重结构，即梁和拱（索），其余的桥梁结构形式都可以看作这两类的扩展或组合。 梁桥：一般的梁式桥其桥面系和承重结构是合二为一的。随着人们对桥梁跨越能力的更大需求，对于梁式桥而言，要提高梁的跨越能力。降低梁的弯曲应力，有两个途径可以达到此种效果：一是增加桥墩形成连续梁桥或连续刚构；二是加大截面抗弯刚度。从受力角度看，同样的截面尺寸、材料和所受弯矩情况下，连续梁的跨度可以比简支梁大很多。加大截面抗弯刚度最好的方法是加大截面高度，而在加大截面高度的同时，减少梁中性轴附近的材料则有助于减轻结构自重，于是就出现了工字截面、箱形截面、桁架等形式的梁。 索（拱）：由于悬索和拱以承受轴力为主，比以受弯为主的梁具有更大的跨越能力。悬索可以采用高强钢丝材料，且因受拉而不会失稳，因而跨越能力比以受压为主的拱更大。当把桥面系通过吊杆或者立柱支承在悬索或者拱上时，就构成了悬索桥和拱桥。当上述拱桥的立柱间距为零时，就变成了实腹拱，此时立柱材料是填土或圬工砌体
拓展、延伸	（1）桥梁结构的基本力学特征； （2）结构力学与桥梁结构
评价	

【课例2】"3D打印'文具置物柜'建模"教学设计

课例名称	3D打印"文具置物柜"建模
本课介绍	本节课主要让学生学会在3D One中建模，利用基本实体功能并灵活运用3D One的常用基本操作教大家完成多功能笔筒模型的绘制。分五个步骤来完成这个模型，分别是绘制抽屉、绘制笔筒、绘制文字、组装各模块、美化模型
教学目标	（1）体验使用三维建模及3D打印制作生活小用品，为生活增姿添彩； （2）掌握三维建模软件通用规则，熟悉3D One基本操作； （3）掌握利用基本实体命令绘制规则三维立体模型的方法； （4）掌握使用抽壳命令把实心体抽成薄壳体的方法； （5）掌握拉伸命令的灵活用法； （6）会灵活使用移动命令放置模型
教学重难点	（1）利用【DE面偏移】做出组合件间装配间隙； （2）移动命令的灵活用法； （3）组合运算
器材、工具或资源	3D One软件、电脑、3D打印机
方法与步骤（教学过程）	一、绘制笔筒 1.使用【圆柱体】绘制笔筒主体  基本实体工具栏中有6种常用规则几何体，包含六面体、球体、圆环体、圆柱体、圆锥体和椭球体，利用它们可以绘制丰富多彩的模型。点击某个命令后，拖拽绘图区实体上的红色箭头即可改变尺寸值，也可以点击数值输入需要的数据来设置尺寸。 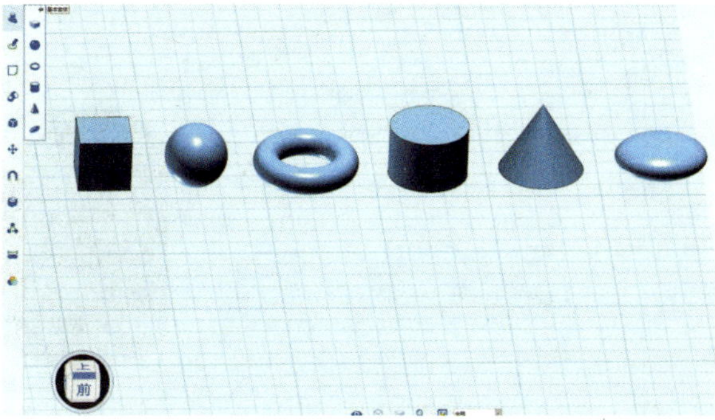 图4-2-21　绘制6种常见规则几何体

课例名称	3D打印"文具置物柜"建模
方法与步骤（教学过程）	使用圆柱体命令，在网格面上任意处单击放置圆柱体，设置圆柱体的半径和高度分别是30和70（尺寸可根据需要随时调整），点击【确定】按钮，作为笔筒主体。 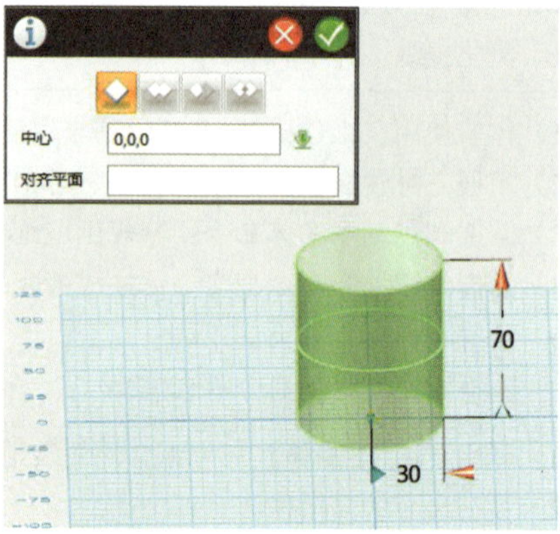 图4-2-22　绘制笔筒主体 2.对圆柱体【抽壳】  抽壳命令位于特殊功能工具栏中，可以把实心体的内部挖空，仅留下外部的壳；也可以对没有厚度的片体加厚，使之成为有厚度的壳体。壁厚值有正、负之分。选择抽壳命令，选中圆柱体，然后如下图所示，在对话框中单击【开放面】输入框并选择圆柱体的上面作为【开放面】，设置抽壳厚度为"-2"。 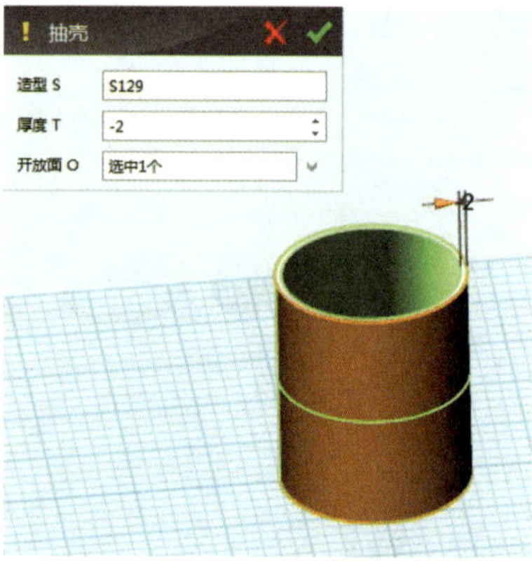 图4-2-23　对圆柱体抽壳

课例名称	3D打印"文具置物柜"建模
方法与步骤 （教学过程）	3.绘制【椭球体】 使用椭球体命令，放置在圆柱体右侧中心位置，并设置合适尺寸，点击【确定】按钮。 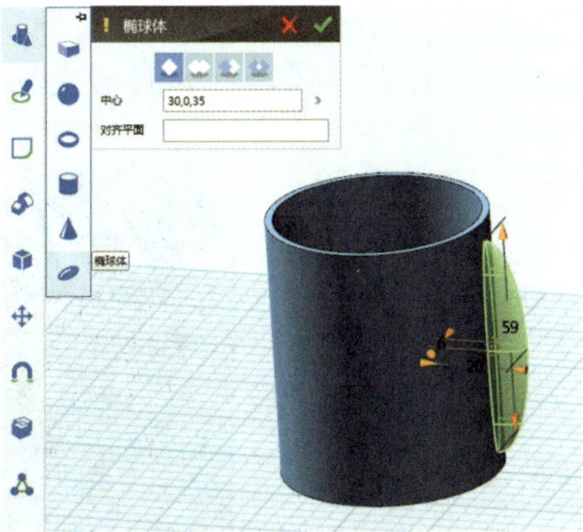 图4-2-24　绘制椭球体 4.减出一圈的椭圆形镂空 在3D One中，复制对象的方法有很多种，可以直接按住Ctrl键拖动要复制的对象，也可以使用Ctrl+C键精确复制到某位置，还可以使用【阵列】命令使复制的对象按某规律排列。 选择【基本编辑】工具栏中的【阵列】命令，选择椭球体，阵列方式为"圆形"，点击对话框中的【方向】输入框，然后选择圆柱体中心轴作为圆形阵列的中心轴方向。设置合适的阵列个数，并点击对话框底部的【减运算】按钮，点击【确定】按钮，即可得到右侧镂空效果。 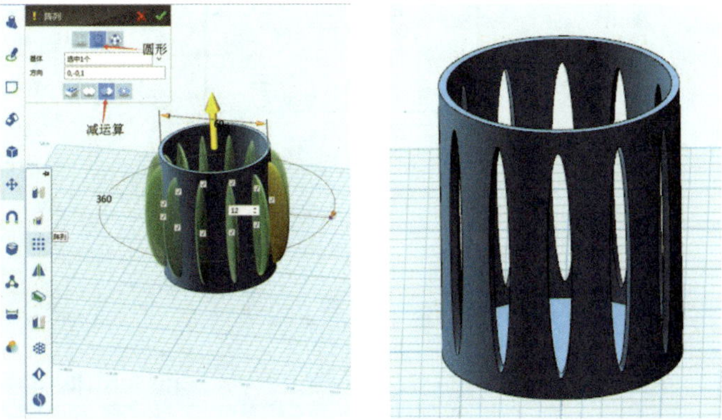 图4-2-25　镂空效果

课例名称	3D打印"文具置物柜"建模
方法与步骤 （教学过程）	5.点击【扭曲】，做出螺旋形槽  特殊功能工具栏中有很多命令，扭曲便是其中一个，它可以把一个模型自行扭转一个角度，类似拧麻花。点击【扭曲】命令，选择笔筒后，再选择笔筒上任一平面作为基准面，设置合适扭曲角度即可完成。 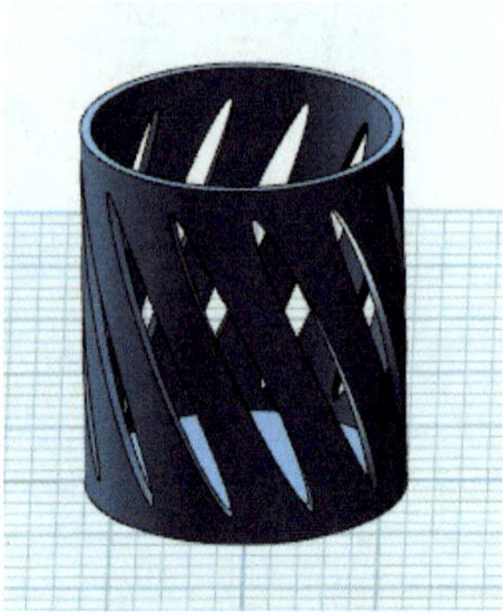 图4-2-26　扭曲后效果 二、绘制收纳盒 1.使用【六面体】，绘制盒子主体  使用六面体命令，在网格面上任意处单击放置六面体，设置它的长、宽、高分别是70、60、35，作为盒子主体。 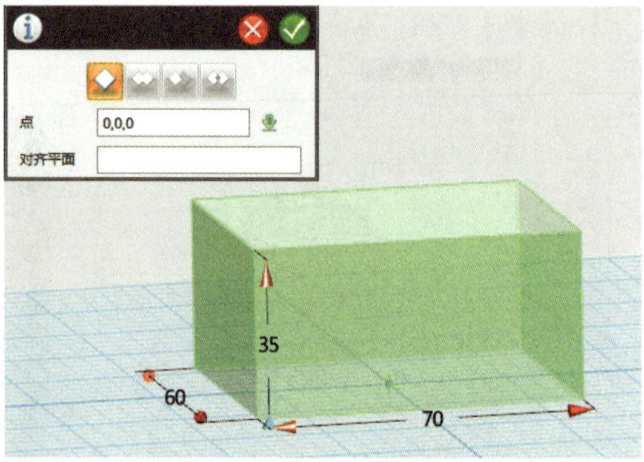 图4-2-27　绘制六面体

课例名称	3D打印"文具置物柜"建模
方法与步骤（教学过程）	**2.对盒子【抽壳】**  抽壳命令位于特殊功能工具栏中，可以把实心体的内部挖空，仅留下外部的壳；也可以对没有厚度的片体加厚，使之成为有厚度的壳体。壁厚值有正、负之分。 选择抽壳命令，选中长方体，然后如图4-2-28所示，在对话框中单击【开放面】输入框并选择长方体的前面为【开放面】，设置抽壳厚度为"–3"。 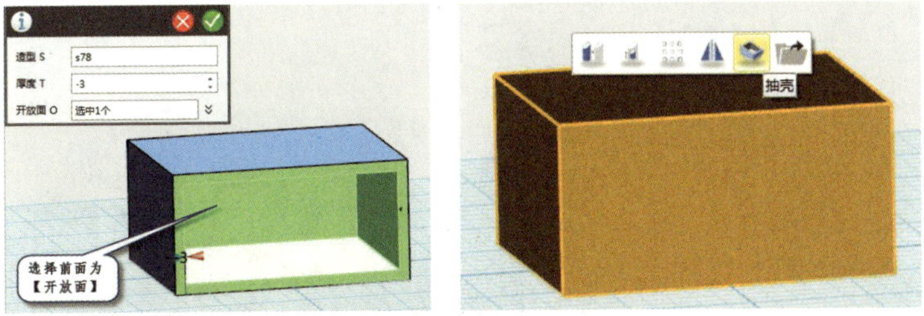 图4-2-28　抽壳后的效果 小技巧：选择命令时，可以先单击长方体，然后从实体旁边弹出的智能浮动工具栏中选择抽壳命令。智能浮动工具栏是3D One根据用户选择的对象类型，自动提炼出的对该类型对象最常用的操作命令。如选到体、面、线、草图，会弹出对应不同命令的工具栏。 **3.使用【拉伸】**  　　"拉出"抽屉 拉伸命令，可以把封闭草图、平面拉伸成实体，也可以把开放草图、实体边拉伸成面（片体），非常灵活方便。为了确保抽屉宽度和盒子的深度一致，我们可以先使用【距离测量】命令测量要拉伸的距离。 （1）单击【距离测量】，可以使用"几何体到几何体"方式或"点到点"方式测量盒子的深度。

课例名称	3D打印"文具置物柜"建模
方法与步骤 （教学过程）	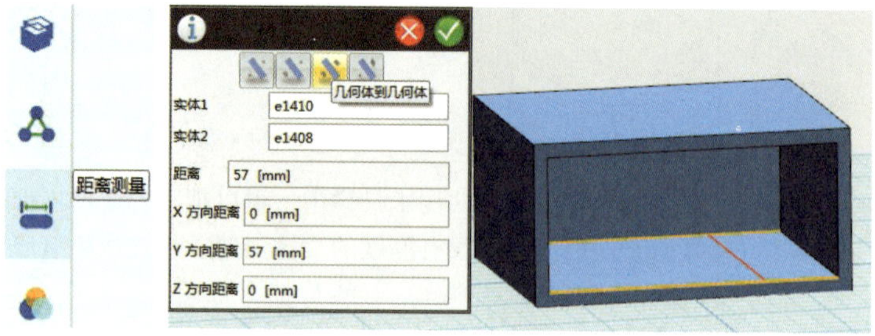 图4-2-29　测量工具使用 （2）双击选到柜子底面，并在弹出工具栏中选择【拉伸】。拉伸的距离使用测得的深度57，根据方向设置为"-57"，即得到抽屉的雏形，单击【确定】按钮。 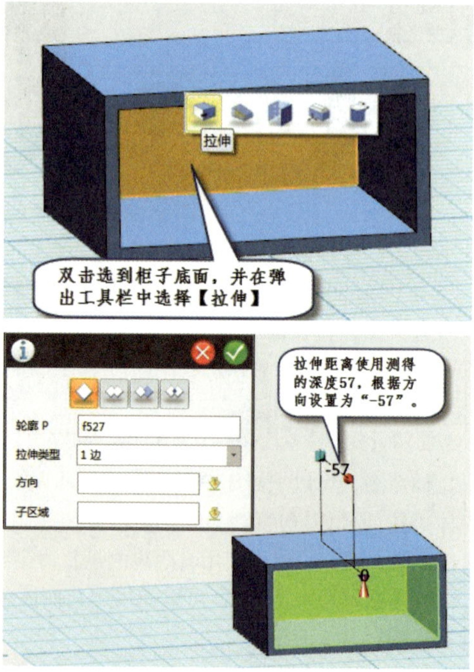 图4-2-30　拉伸后效果

课例名称	3D打印"文具置物柜"建模
方法与步骤 （教学过程）	（3）把上面拉伸得到的实体（抽屉雏形）拖出柜子。 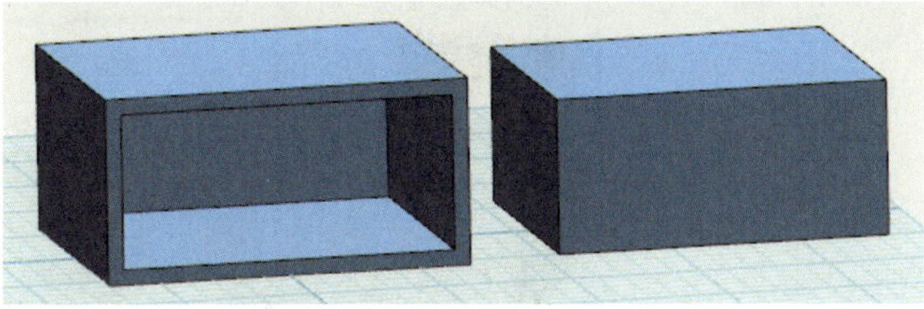 图4-2-31　柜子效果 4.把抽屉的宽度和高度调小一点 考虑抽屉能够放进盒子，抽屉的宽度和高度要比盒子腔体小一点，需要留出装配间隙。双击或两次单击选到抽屉的上面，并在弹出工具栏中选择【DE面偏移】。如图4-2-32所示，在弹出的对话框中单击【面】输入框，再依次单击选择柜子的左、右、下三个面，设置偏移值为"-0.2"。（注：该偏移值可根据打印机精度和需要配合的松紧程度调整） 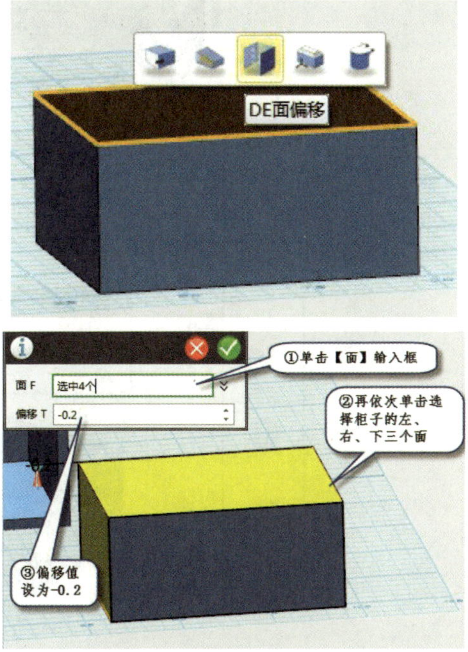 图4-2-32　抽屉调小后的效果

课例名称	3D打印"文具置物柜"建模
方法与步骤 （教学过程）	分别对上步模型进行抽壳，并设置厚度同样为"-3"，即得到柜子。 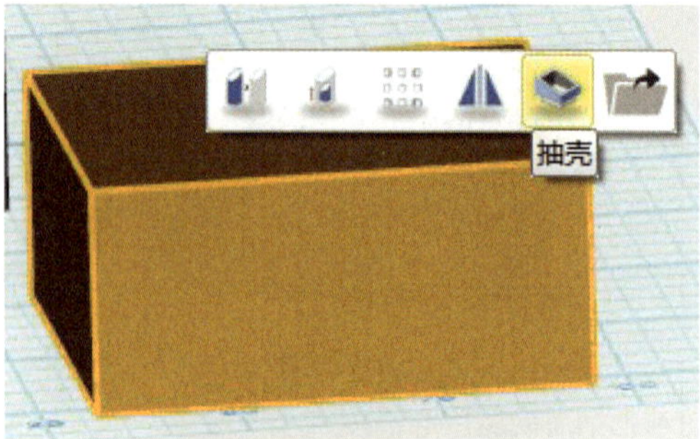 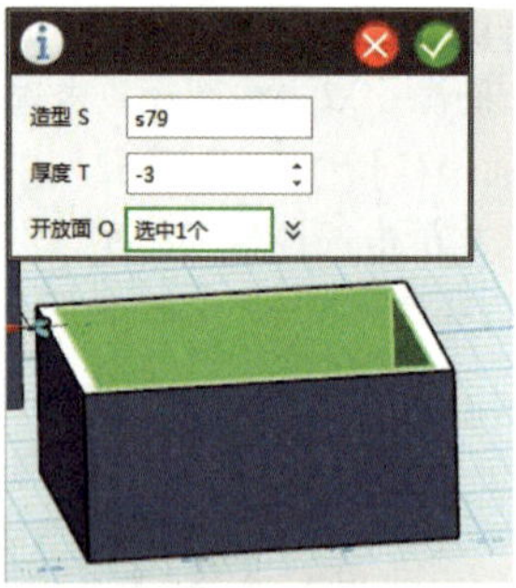 图4-2-33　柜子效果 5.使用【六面体】设计把手 （1）单击【基本实体】→【六面体】，然后如图4-2-34所示，在抽屉前面中心处放置一个六面体。 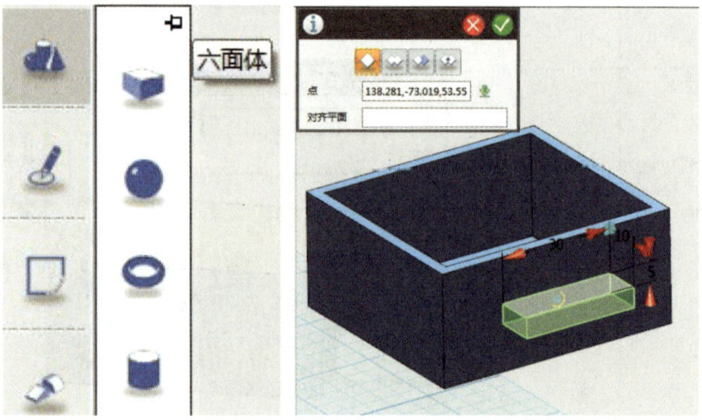 图4-2-34　六面体把手效果

课例名称	3D打印"文具置物柜"建模
方法与步骤 （教学过程）	（2）再次单击六面体或按鼠标中键重复执行六面体命令，放置位置和对齐平面按下图所示。拖动箭头设置六面体的长、宽、高，然后单击对话框中的【减运算】按钮，单击【确定】按钮。 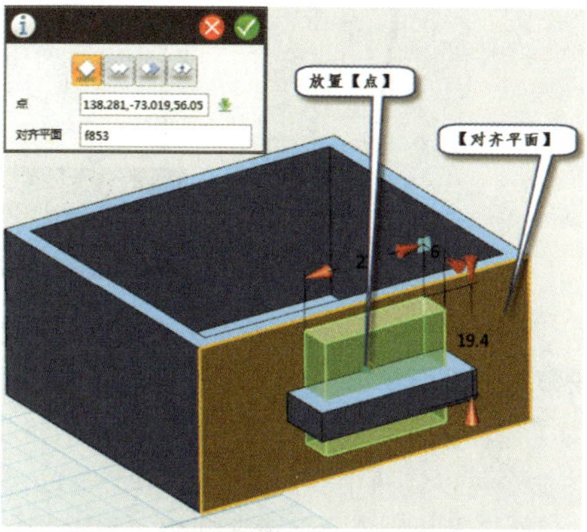 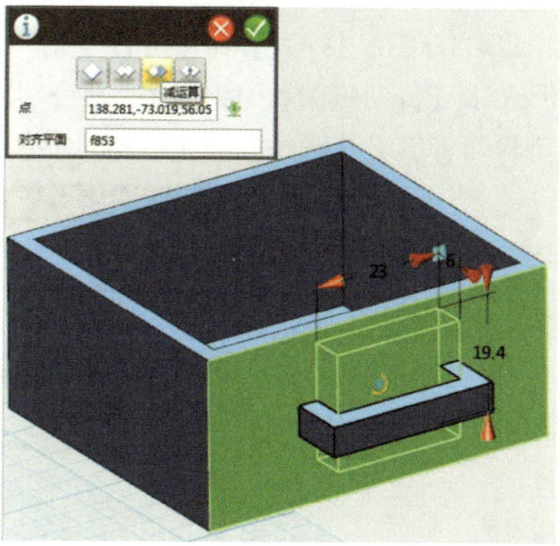 图4-2-35　设置六面体的长、宽、高后的效果 小技巧：在基本实体对话框中，使用【对齐平面】功能，可以调整要绘制的基本实体高度的方位。 （3）使用特征造型中的【圆角】命令，对把手的相关边进行圆角效果处理，如图4-2-36所示。

课例名称	3D打印"文具置物柜"建模
方法与步骤 （教学过程）	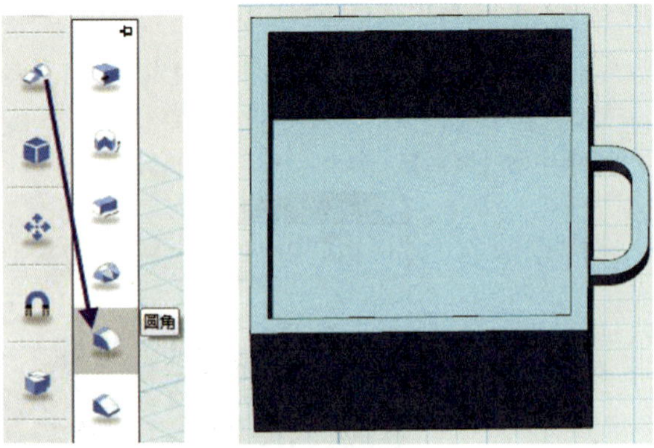 图4-2-36　把手圆角设计后的效果 6.复制一层柜子 为了操作方便及效果美观，先把抽屉放进柜子里再复制另一层。自动吸附命令可以让两个实体的中心贴面对齐，像"吸铁石"一样。其中实体1是被吸附的对象，是要移动的，实体2是不动的。我们可以使用Ctrl+C键，也可以使用【阵列】命令进行复制。 （1）单击【自动吸附】，如下图所示分别选择抽屉的底面和柜子的底面，即可将两者像吸铁石一样吸在一起。 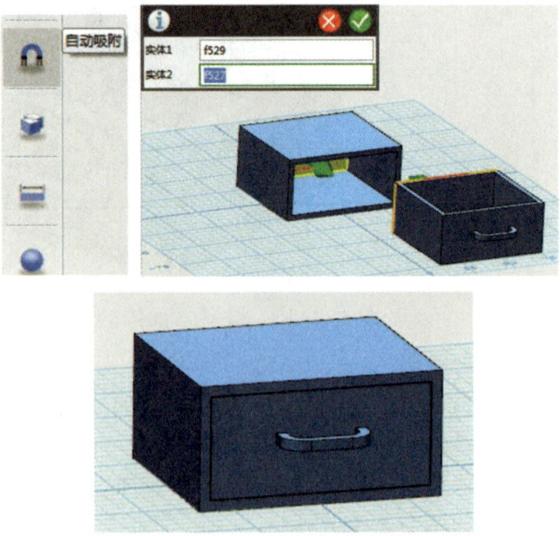 图4-2-37　自动吸附后的效果

课例名称	3D打印"文具置物柜"建模
方法与步骤 （教学过程）	（2）框选柜子和抽屉，然后按Ctrl+C键，分别选择如下图所示的起始点和目标点，即可再复制一层。 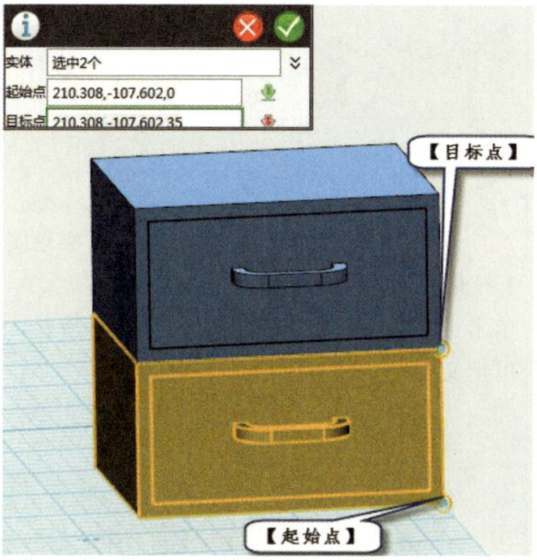 图4-2-38　复制两层后的效果 三、绘制文字 预制文字命令 ![图标] 在草图绘制工具栏中，草图是二维平面的图形或线条组合，绘制任一个草图前，首先需要确定它的绘制平面。这个绘制平面可以是默认的网格面（点击空白处即可），也可以是实体上的面，系统会根据用户在实体上选择的对象自动创建出草图绘制的网格面。草图绘制完成后，点击【完成】按钮退出草图环境，再使用特征造型工具栏中的拉伸、旋转等命令即可把二维草图转化的三维实体。 1.输入文字 点击【预制文字】命令，选择网格面作为草图绘制平面，在对话框中输入需要的文字，如"ZWSOFT"，点击原点输入框，然后拖动鼠标把文字放置到合适位置，设置合适大小。最后点击【完成】按钮退出草图环境，可看到图示内有颜色填充的文字草图。

课例名称	3D打印"文具置物柜"建模
方法与步骤 （教学过程）	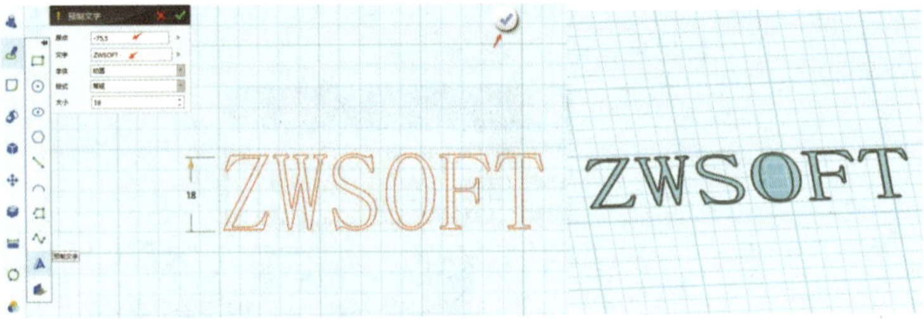 图4-2-39　文字草图效果 2.拉伸文字草图成实体 单击选中文字草图，在弹出的智能浮动工具栏中选择【拉伸】命令，即可把文字拉伸成实体。 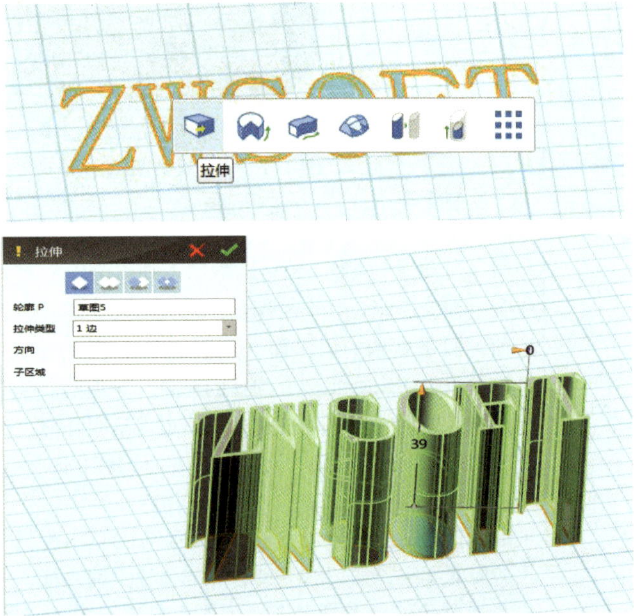 图4-2-40　拉伸文字草图成实体的效果

课例名称	3D打印"文具置物柜"建模
方法与步骤 （教学过程）	四、组合成一个整体 最后，在前面已学习的基础上，对三部分使用基本编辑 ▣▯ 中的移动 命令 ✛ 组合在一起，并根据需要适当调整。移动命令有"点到点移动"和"动态移动"两种方式，可以根据需要选择或配合使用。 1.绘制一个六面体作为底座 长度适当即可，后面可以根据需要随时使用【DE面偏移】命令进行调整。 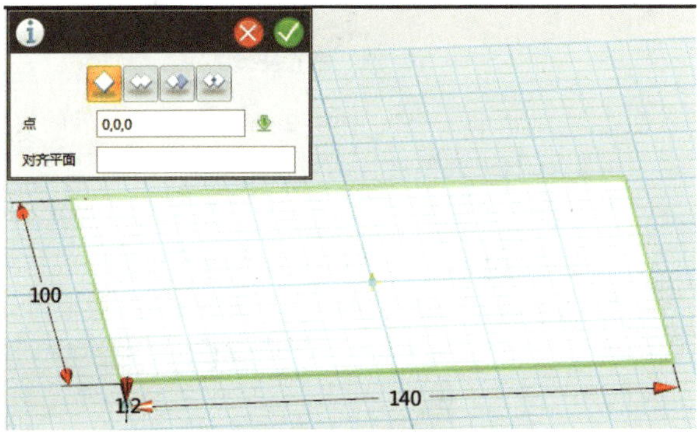 图4-2-41　绘制六面体底座 2.点到点移动方式放置盒子 如下图所示选择起始点和目标点，把盒子移动到底座的角点上。 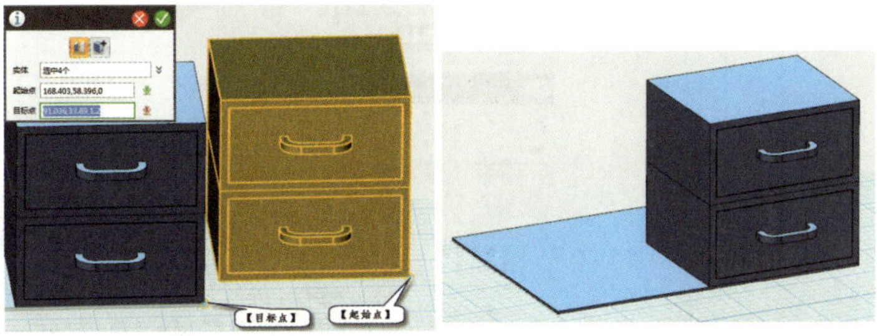 图4-2-42　点到点移动方式放置盒子的效果

课例名称	3D打印"文具置物柜"建模
方法与步骤（教学过程）	3.移动笔筒 用同样的方法把笔筒放到底座上。 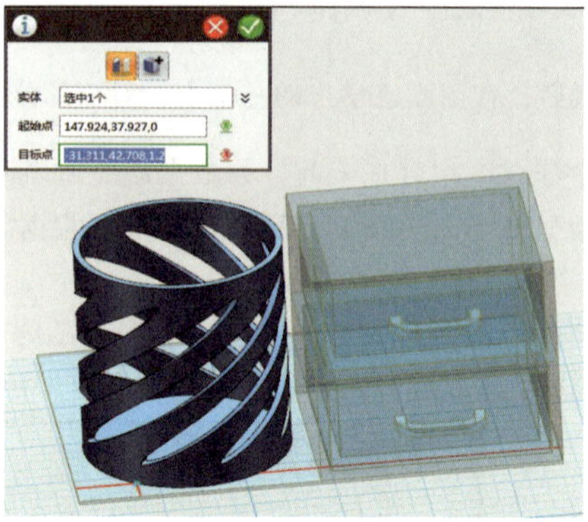 图4-2-43　移动笔筒后的效果 4.使用【DE面偏移】调整底座尺寸 此时若发现底座长、宽不合适，则可利用【DE面偏移】来调整。操作如下图，双击或两次单击选到底座的左侧面，从弹出浮动工具栏中选择【DE面偏移】命令，根据需要设置相应偏移值即可。  图4-2-44　调整底座尺寸后的效果

课例名称	3D打印"文具置物柜"建模
方法与步骤 （教学过程）	5.绘制文字并拉伸 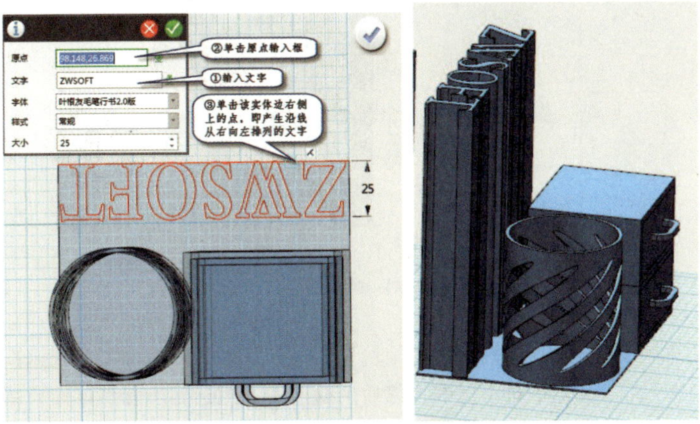 图4-2-45　绘制文字并拉伸后的效果 五、美化模型 1.剪斜文字 （1）在拉伸的文字旁边放置一个足够长和高的长方体作为辅助体。 （2）双击选到高亮显示的侧面，在弹出浮动工具栏中选择【DE移动】。拖动相应的旋转箭头，使该面旋转成倾斜面。 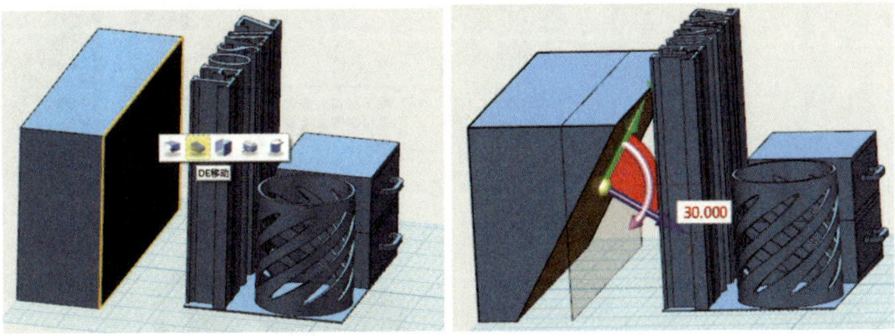 图4-2-46　剪斜文字效果

课例名称	3D打印"文具置物柜"建模
方法与步骤 （教学过程）	（3）使用【动态移动】功能把上述六面体移动到合适位置。 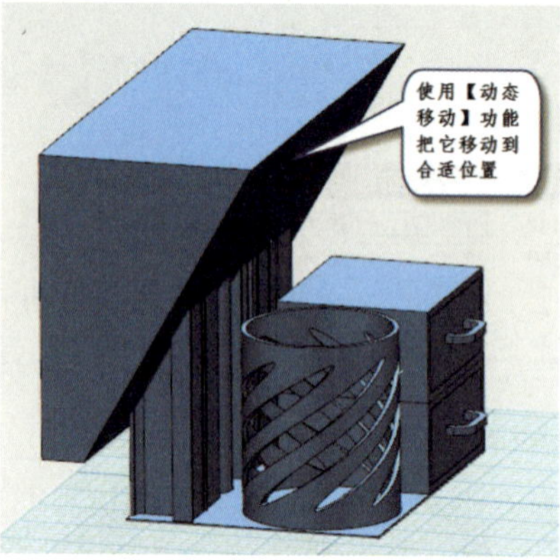 图4-2-47　移动后的效果 （4）单击【组合编辑】命令，在对话框中单击【减运算】按钮，利用小色子对正视图，然后用框选的方式选到所有字体作为基体，再单击六面体作为合并体，单击【确定】按钮即可。 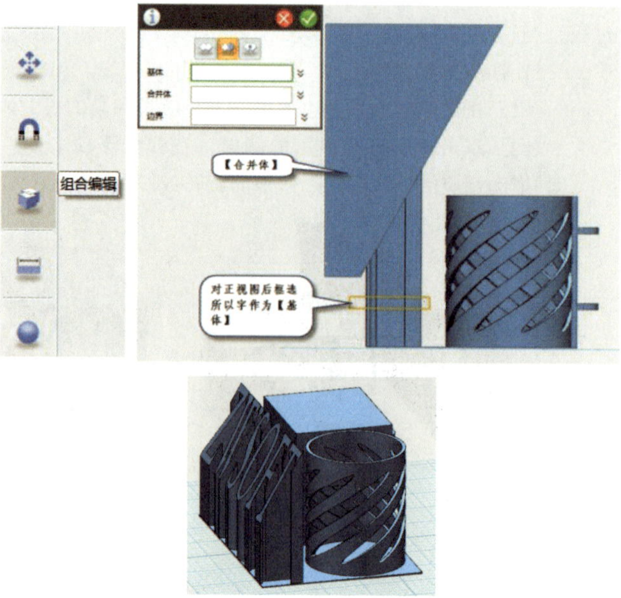 图4-2-48　组合后的效果

课例名称	3D打印"文具置物柜"建模
方法与步骤 （教学过程）	**2.给模型上色** 使用颜色渲染命令或视觉样式功能，均可给实体上色或设置不同材质。  图4-2-49　上色后的效果 **3.组合收纳盒小改进** 如在顶部用浮雕做logo，或在侧面做贴图修饰。 注意：组合运算不可逆，所以最后整体的"加运算"通常在打印前根据需要进行
拓展、延伸	搜索3D One社区其他设计者的作品，并尝试设计其他造型的柜子或生活用品  图4-2-50　生活中的物品
评价	

4.2.7 信息技术课程典型课例

【课例1】"Python 程序设计"教学设计

课例名称	Python 程序设计
本课介绍	Python 主要教授学生编程基础知识和编程思维。作为目前最流行的编程语言，Python 入门简单，代码精简，语法通俗，非常适合新手入门。通过本门课程的学习，学生能了解编程的基本概念，能够编写简单的程序
教学目标	（1）综合能力：能够使用 Python 编程解决各个学科的简单问题； （2）分析能力：提升解决问题的能力； （3）实践能力：编写简单程序的能力； （4）思维能力：能对现实问题进行算法思考
器材、工具或资源	计算机教室、Python 编程语言环境
方法与步骤（教学过程）	（1）编程基本概念，认识 Python 语言； （2）Python 中 turtle 画图模块的使用； （3）Python 中循环和控制语句的使用； （4）Python 中函数的使用； （5）Python 中模块的使用以及课堂检测
实施	从基本概念和基本语法入手，通过简单的案例，使学生尽快掌握 Python 基本的编程方法和编程思维。通过简单的测试，了解学生掌握情况
拓展、延伸	（1）计算机基础知识； （2）简单算法知识
评价	

【课例 2】"信息系统及其组成"教学设计

课例名称	信息系统及其组成
本课介绍	本节课聚焦信息系统及其组成,以新年出游为情境,借助 12306 订票和百度识图系统,运用多种教学方法引导学生体验操作、分析流程,掌握其概念、要素及流的关系,提升多方面能力
教学目标	(1) 学生能深刻理解信息系统的概念,精准把握其是以处理数据流为目的的人机交互系统的内涵。牢固掌握信息系统的基本组成要素,即人、硬件、软件、网络和数据,并能详细且准确地阐述各要素在系统中的作用机制。 (2) 通过亲手操作 12306 订票系统和百度识图系统,切实提升实践动手能力和高效解决问题的能力,积累实际操作经验。 (3) 引导学生在深度体验信息系统的过程中,学会灵活迁移所学知识,能够举一反三,深入透彻地理解信息系统在生活中的广泛应用场景和重要意义;使学生充分认识到信息系统在日常生活中不可或缺的重要性,真切感受信息技术给出行和生活带来的极大便利,增强对信息技术的认同感;激发学生对信息技术学科的浓厚兴趣,培养学生勇于探索、敢于创新的精神,营造良好的学科学习氛围
器材、工具或资源	电脑、学习包资源
方法与步骤(教学过程)	1.情境引入 以新年出游需要用到的平台/软件为话题,引导学生思考信息系统在生活中的应用,激发学生兴趣,引出对典型信息系统的分析。 2.分析典型信息系统——12306 订票系统 实践与购票步骤思考:让学生访问 12306 订票系统进行网上购票或观看手机端购票视频演示,思考购票步骤。之后师生共同总结出购票流程为"登录订票系统""选择行程""生成订单""支付费用""获取票据"。 订票数据及来源分析:

课例名称	信息系统及其组成
方法与步骤 （教学过程）	任务一：订票系统数据及来源分析。 结合订票流程，思考订票过程中产生了哪些数据？这些数据从哪里来？参考范例，填写下列表格。 （表格） 学生分组思考订票过程中各步骤产生的数据及来源，教师引导学生完善答案，如登录系统时数据由用户输入，选择行程时系统根据用户选择生成相关数据等。 数据流转分析：讲解订票系统中数据、事务、资金、物流等流的形成和流转过程，帮助学生理解信息系统的工作机制，如用户输入形成数据流，系统模块间工作移交形成事务流，支付费用形成资金流，获取票据形成物流，信息流伴随其他流流动。 3.应用练习——网上购物系统分析 通过分析网上购物系统的具体操作及各流的产生，进一步巩固学生对信息系统工作流程的理解，让学生类比订票系统分析购物系统中登录、选择商品、生成订单、支付费用、追踪订单、确认收货、商品评价等环节的数据流、物流、资金流、事务流和信息流。 4.信息系统及组成——百度识图系统 百度识图体验与分析：以一些文物表情包为例，引出百度识图，让学生体验百度识图，探索文物背后故事；教师演示操作流程，包括手机和电脑端的使用方法，学生完成任务二并记录。

任务表格内容：

订票步骤	产生的数据	数据来源
登录系统	用户名、密码、验证码	用户输入
选择行程		
生成订单		
支付费用		
获取票据		

课例名称	信息系统及其组成		
方法与步骤 （教学过程）	任务二：体验百度识图，探索文物"显眼包"背后的故事。 表格： <table><tr><td>文物</td><td>简介</td><td>文物</td><td>简介</td></tr></table>同时引导学生对百度识图流程进行排序和分析，得出百度识图是处理数据的信息系统，其流程涉及数据存储、输入、处理和输出等环节。 任务三：由百度识图系统到一般信息系统的组成。 信息系统组成要素探究：信息系统的组成要素有哪些呢？请结合百度识图的流程分析，围绕下面四个问题进行思考。 百度识图是为谁设计开发使用的？ 百度识图的使用，需借助什么"工具"？ 百度识图的信息传递，是通过什么实现的连接？ 百度识图的识图内容，是通过什么形式进行存储传递的？		

课例名称	信息系统及其组成
方法与步骤 （教学过程）	布置任务三，让学生结合百度识图流程思考信息系统组成要素，围绕百度识图为谁设计、使用什么工具、信息传递靠什么连接、识图内容如何存储传递四个问题展开讨论，教师引导学生得出信息系统由用户、硬件和软件、网络、数据资源组成，各要素协同工作，人是主导因素，硬件提供基础，软件保证运行，网络实现连接，数据资源是流转内容。 5.总结练习与课后任务 总结练习：通过思维导图回顾、问卷星练习夯实所学，帮助学生形成完整的知识架构。 课后任务：要求学生对支付宝"碰一下"信息系统进行分析，培养学生对信息系统的综合分析能力，引导学生将课堂知识应用于实际生活中的信息系统分析
原理和解释	一、分析典型信息系统 网络订票系统通常包括系统管理模块、客票管理模块和订票管理模块等子模块，系统在工作过程中需要对数据、事务等进行传递，形成了"数据流"和"事务流"。在一些信息系统中，还会发生实物或资金的流动，也就形成了"物流"或"资金流"。"物流"是实物的流动过程，如物资的运输、产品原材料采购等；"资金流"是伴随物流而产生的资金的流动过程；"事务流"是各项管理活动的工作流程，如原材料的验收、登记、开票、付款。信息系统的"信息流"伴随以上各种流的流动，既是其他各种流的表现和描述，又是用于掌握、指挥和控制其他流运行的软资源。信息系统就是处理信息、描述信息流动过程的。 二、信息系统的组成 一般来说，信息系统是一个由人、硬件、软件、网络和数据资源等构成的人机交互系统。 1.用户 信息系统中的人是指信息系统的用户。用户是信息系统的使用者、维护者、管理者和设计者。用户在信息系统的使用过程中，应自觉遵守信息社会中的道德准则和法律法规，负责任地发布、使用与传播信息，形成合理使用信息系统的良好习惯。信息系统在应用过程中可能存在安全风险，用户应熟悉信息系统安全风险防范的常用技术方法，养成规范的信息系统操作习惯，树立信息安全意识。

课例名称	信息系统及其组成
原理和解释	2.硬件和软件 硬件是信息系统的物质基础，包括计算机硬件和网络平台。计算机硬件是信息系统的运行平台，指超级计算机、大型主机、中型计算机、微型计算机和移动终端等。网络平台是信息传递的载体和用户接入的基础。 信息系统的软件是帮助终端用户使用硬件、将数据资源转化成各类信息产品的资源，用于完成数据的输入、处理、存储、控制以及输出等信息系统的活动。软件包括系统软件和应用软件。系统软件是管理、控制和维护信息系统的软件，包括操作系统、监控管理程序（Monitor）、调试程序（Debug）、故障检查和诊断程序、数据库管理程序等。应用软件是处理特定应用的程序。 3.网络 信息系统中的网络是指将各个孤立的设备进行物理连接，实现人与人、人与计算机、计算机与计算机之间进行信息交换的链路，从而达到资源共享和通信的目的。 由于信息的作用只有在广泛交流中才能充分发挥出来，通信技术的进步极大地促进了信息系统的发展。通信与网络技术是信息技术发展较快的领域之一，是现代信息系统的重要技术基础，分布式信息管理与信息的实时传递、发布和共享，都需要通信与网络的支持。 4.数据资源 数据资源是指人类社会信息活动中积累起来的以信息为核心的各类信息活动要素（信息技术、设备、设施、信息生产者等）的信息。数据资源的组织、存储和处理是信息系统的主要设计目标和内容
拓展、延伸	对支付宝"碰一下"支付系统进行分析： （1）阐述该系统的组成要素； （2）说明其对人类生产生活产生的影响； （3）剖析该支付系统具备的功能，并思索其是否存在可优化改进之处
评价	

第5章

中学科技创新课程学习平台搭建与教师队伍建设

合肥一中积极拓展学生学习平台，通过参加中国青少年机器人竞赛、全国青少年科技创新大赛、全国青年科普创新实验暨作品大赛、全国学生信息素养提升实践活动、中学生科技创新后备人才培养计划、安徽省科学探索夏令营、中国科学技术大学科技周等，培养学生创新素质，早期创新型人才培养成果斐然。

学校科技创新教育教师通过持续学习和实践，不断完善课程体系，研究教学方法，开发教学资源，业务能力和专业水平得到长足发展。科技创新教育教师队伍逐步壮大，涌现出以国家"万人计划"名师方小培、李友银，国务院政府特殊津贴获得者鲁先法等为代表的一大批创新型教师。

5.1 科技创新课程学习平台搭建

5.1.1 常见科技创新赛事简介

1.中国青少年机器人竞赛

中国青少年机器人竞赛旨在促进青少年机器人爱好者通过多元化途径积极参与机器人竞技、机器人科学研究与工程研究。青少年机器人活动是一项融合多学科知识与技能的青少年科技活动，通过计算机编程、工程设计、实践制作及技术构建，结合青少年日常观察与积累，寻求最优解决方案，培养青少年的创造力。

中国青少年机器人竞赛秉持弘扬科学技术、强调创新与创造力、促进团队合作、提升科学素质以及关注当今世界挑战与机遇的宗旨，引导青少年在探索中找到解决问题的方法，同时为他们提供体验科学家和工程师所面临的挑战与机遇的平台。此外，中国青少年机器人竞赛还致力于打造一个科技创新品牌，成为青少年科技竞赛活动社会化探索的重要尝试。图5-1-1是几类主要的机器人竞赛项目。

（a）　FLL机器人

（b）　综合技能机器人

（c）　VEX机器人

（d）　足球机器人

图5-1-1　机器人竞赛主要项目

开展此项活动对于我国融入国际机器人科普潮流、培养青少年实践能力和创新精神、将现代科技知识引入中小学科技教育活动、激发青少年对电子信息技术的兴趣，以及促进更多青少年机器人爱好者的成长具有深远意义。表5-1-1是合肥一中参加各项机器人赛事部分获奖情况。

表5-1-1 合肥一中机器人竞赛成果（部分）

序号	项目	奖项	获奖学生
1	第十三届中国青少年机器人竞赛VEX工程挑战赛	金牌（亚军）	李文心、郑欣原、李竞、刘承彦
2	第十四届中国青少年机器人竞赛工程创意项目	金牌（冠军）	朱润箐、邢淦琛、姜婉璐
3	第十五届中国青少年机器人竞赛VEX工程挑战赛	金牌（冠军）	汪惠东、冯子涵、束俊杰、王雪晨
4	第十六届中国青少年机器人竞赛VEX工程挑战赛	金牌（冠军）	汪惠东、施浩晗、聂振航、韦民
5	第十六届中国青少年机器人竞赛VEX工程挑战赛	金牌（亚军）	郭乐凡、何源正
6	第十六届中国青少年机器人竞赛VEX工程挑战赛	金牌（季军）	吴欣然、陈一凡、吴润坤、蔡思捷
7	第十七届中国青少年机器人竞赛VEX工程挑战赛	金牌（冠军）	王晓龙、沈曈、唐函波、单文凯
8	第十八届中国青少年机器人竞赛VEX工程挑战赛	金牌（冠军）	范志宇、帅宗瑭、李木森、李菲菲
9	第十八届中国青少年机器人竞赛工程创意项目	银牌	周颂之、吴小萌
10	第十九届中国青少年机器人竞赛FLL工程挑战赛	金牌	陈宗博、马昊鑫、魏振扬、吕欣琰
11	第十九届中国青少年机器人竞赛VEX工程挑战赛	铜牌	何宇博、陈一诺、曹元驹、钱艺涵
12	第十九届中国青少年机器人竞赛工程创意项目	铜牌	鲁彦鸣、高轩喆、杨淑琪
13	2016世界机器人大赛	包揽冠、亚、季军	王晓龙、高枫、刘家怡、吴梦童、王一鸣、江姝潼、王文灏、徐兆鲲、尹昊宇
14	首届青少年创客活动暨第七届青少年机器人竞赛活动	冠军	何宇博、袁夏昕、胡乐岩
15	第十届亚洲机器人锦标赛	冠军	王一鸣、陈其远、王晓龙、苏致远

续　表

序号	项目	奖项	获奖学生
16	2017世界机器人锦标赛	总决赛季军、分区冠军	晏楠臻、徐兆鲲
17	2018世界机器人锦标赛	总决赛季军、分区冠军	何宇博、吴菁华、王溪好、张晋亨、高志岩、陈宇熙
18	第十届华东地区机器人比赛	冠军	王晓龙、沈瞳、董元烨、汪惠东
19	2017 VEX机器人中国公开赛	冠军	江姝潼、卫万景、董元烨、童乐扬
20	2018 VEX机器人亚洲公开赛	亚军	晏楠臻、徐兆鲲

2.全国青少年科技创新大赛

激情催生创新灵感，兴趣奠定探索基石，好奇、求知与创新，构成青少年探索世界、激发创造欲望的内在驱动力。青少年科技创新大赛强调竞争过程，倡导学生在研究问题中学习，于愉悦体验中成长，培养学生科学精神、科学思维，掌握科学知识与方法。知识为智慧奠定基础，但拥有知识并非必然拥有智慧，培育创造力与想象力较之知识积累更为关键。未来社会或许不必人人成为科学家，但基本科学素养却不可或缺，这正是青少年科技创新大赛的核心内涵。图5-1-2是合肥一中参加全国青少年科技创新大赛现场。

图5-1-2　合肥一中参加全国青少年科技创新大赛现场

全国青少年科技创新大赛为青少年提供了一个学习、交流的平台，从繁忙的布展至紧张的答辩、热烈的讨论、愉快的参观，直至领奖时的激动与感慨，皆为大赛活动特有的基本教育环节。其根本宗旨在于推动青少年科技活动的蓬勃发展，培养青少年创新精神与实践能力，提升青少年科技素质，激励优秀科技人才脱颖而出。表5-1-2是合肥一中参加科技创新赛事部分获奖情况。

表5-1-2　合肥一中科技创新大赛成果（部分）

序号	项目	奖项	获奖学生
1	第十八届宋庆龄少年儿童发明奖	银牌	袁子荞
		铜牌	余悦翔
2	第37届全国青少年科技创新大赛	全国二等奖、7个单项奖	张宁远、谢丹薇
3	国际青少年科技博览会	优秀展示奖	李柏欣
4	第34届全国青少年科技创新大赛	一等奖	梁益伟
5	国际科学与工程大奖赛	国际展示	白博之
6	第35届全国青少年科技创新大赛	展示	高洁、汪思睿、杨淑淇
7	第六届中国国际"互联网+"创新创业大赛	创新潜力奖	苏权锦、李思航、薛宇
8	欧盟青少年科学家竞赛	国际展示	梁益伟

3.全国青年科普创新实验暨作品大赛

全国青年科普创新实验暨作品大赛是针对青年学生举办的一项全国性科普活动。该赛事旨在深入贯彻落实《中华人民共和国科学技术普及法》《全民科学素质行动规划纲要（2021—2035年）》以及《关于新时代进一步加强科学技术普及工作的意见》等精神，鼓舞并激励广大青年学生积极参与科普创作和实践，通过传播和普及科学思想、科学精神、科学方法及科学知识，提升青年学生的创新创造能力。

大赛每届均围绕现实相关主题，关注前沿科学技术、公共安全健康等领域的科学应用与普及，旨在考察青少年发现问题、解决问题的能力以及动手实践能力。图 5-1-3、图 5-1-4 是合肥一中参与全国青年科普创新实验暨作品大赛的两项作品。

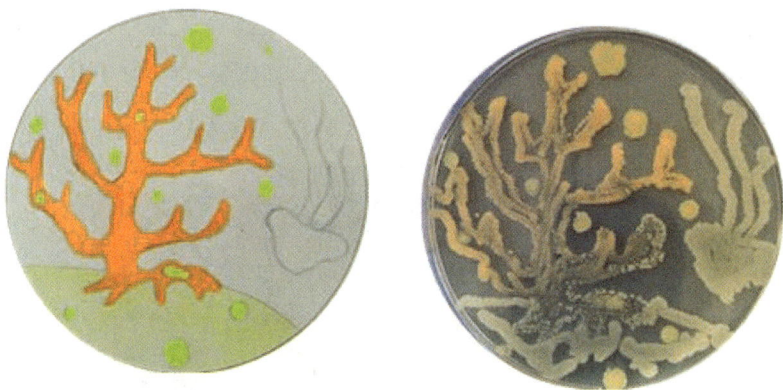

图 5-1-3　科普实验单元：生物环境命题（中学组）复赛作品《深海伊甸园》

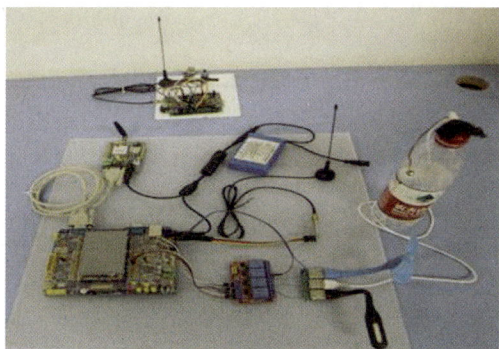

图 5-1-4　创意作品单元：智能控制命题（中学组）复赛作品《智能厨房卫士》

4.全国学生信息素养提升实践活动

全国学生信息素养提升实践活动秉持"实践、探索、创新"的主题，以顺应时代发展的活动项目为内核，通过多样化的组织形式，坚定不移地将立德树人及五育并举原则贯穿于活动全过程，引导师生高效运用信息技术，推动学生信息素养的提升。全国范围内的活动以交流展示为主要形式。根据教育部相关文件精神，各省份可依据实际情况采取富有弹性的多样化组织方式。

2022年，合肥一中方明远和丁子涵同学在第三十三届全国学生信息素养提升实践活动（高中组）全国交流中分享了自己的成果，展现了良好的信息素养，荣获最高奖"创新之星"，被安徽省教育厅授予安徽省学生信息素养提升实践活动一等奖。图5-1-5为合肥一中学生信息素养提升实践活动训练现场，表5-1-3为汤磊老师辅导学生获得的部分奖项。

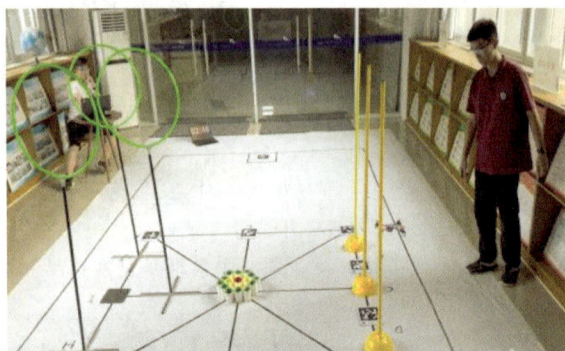

图5-1-5　合肥一中学生信息素养提升实践活动训练现场

表5-1-3　合肥一中学生信息素养提升实践活动成果（部分）

序号	项目	奖项	获奖学生
1	第十五届全国中小学电脑制作活动电脑机器人竞赛	全国二等奖	姜建成、张雪琪
2	第十六届全国中小学电脑制作活动电脑机器人竞赛	全国一等奖	李成希、杨晓萧
3	第十九届全国创客作品展示活动	全国一等奖	袁子荐、楚楚等
4	第十九届全国创客作品展示活动	全国一等奖	王浩丞
5	第二十届全国创客作品展示活动	全国一等奖	杨浩天
6	第二十届全国创客作品展示活动	全国二等奖	李润霖、詹子都

5.中学生科技创新后备人才培养计划

2023年2月21日，习近平总书记在中共中央政治局第三次集体学习时指出，要坚持走基础研究人才自主培养之路，深入实施"中学生英才计划""强基计划"和"基础学科拔尖学生培养计划"。

2013年，中国科学技术协会、教育部在19所高校实施中学生科技创新后备人才培养计划（简称"中学生英才计划"），合肥一中是首批参与该计划的中学。该计划借鉴国际人才发掘与培养经验，以"如何让大先生（科学家）发掘并培养优秀苗子"为理念，设计培养路径。高校与中学联合发掘和培养创新后备人才的模式，实现了科学家助力教育，让青少年在科学家指导下体验真实、完整的科学探究过程，为他们搭建了一个在科学家身边成长的平台，旨在培养具有科技英才潜力的青少年。

"中学生英才计划"的培养模式立足于发掘和培养具有科学天赋的青少年，使他们得以在科学家的熏陶下茁壮成长。这一人才发掘与培养模式，目的是引导中学生拓宽研究型学习领域，实现从传统被动的知识接受者向自主探究、研究型学习者转变。在此过程中，青少年学会发现并解决问题，培养科学思维，体验科学家精神，逐步掌握科学家般的思考方式。这种人才发掘与培养模式有望将青少年的兴趣转化为志趣，甚至塑造为长远追求的志向。

如图5-1-6所示，"中学生英才计划"构建了"六位一体"的培养体系，旨在探索大学与中学联合发掘与培养基础学科拔尖创新后备人才的有效模式。通过"大先生"培养"好苗子"，搭建科技与教育融合协同育人平台，形成上下联动、多方协同的工作机制，汇聚高质量的导师队伍以培养人才，建立科技创新后备人才培养基地，并开辟新的政策空间，发挥示范引领作用，营造出有利于人才培养的良好生态环境。

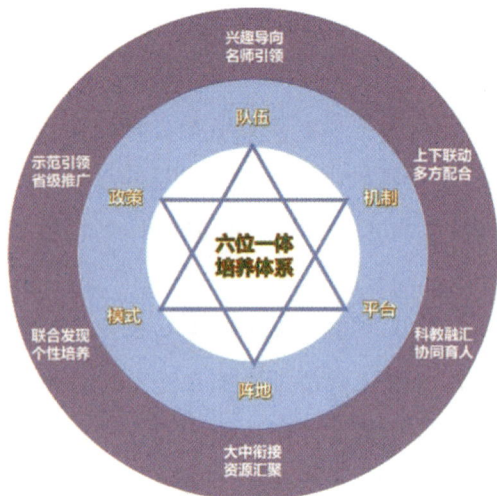

图5-1-6 "中学生英才计划"六位一体培养体系

10余年来，合肥一中选拔出150余名有潜力的学业优秀中学生，引领他们步入中国科学技术大学，参与科研探索、学术交流以及实践锻炼。此举旨在让中学生领略名师风采、体验科研历程，激发他们对科学的热爱，提升创新能力，树立科学志向，为"基础学科拔尖学生培养计划"培育后续力量，同时推动大学教育与中学教育的无缝衔接，构建高校与中学联合发掘和培养青少年科技创新后备人才的高效模式。

6.安徽省科学探索夏令营

为了让初中生沐浴科技的阳光，激发他们参与科技创新活动的热情，提高创新实践能力，中国科学技术大学、安徽省青少年科技活动中心、合肥市创造学会、合肥一中联手创办了安徽省初中生科学探索夏令营品牌活动。

中国科学技术大学享誉全球，在影响力、公信度较高的国际大学排名榜中一直名列国内高校前列；安徽省青少年科技活动中心是组织全省青少年开展科技创新、电脑机器人、学科竞赛、科学论坛等各种活动的权威机构；合肥市创造学会是从事"创造学"教育研究、学术交流的学术团体，拥有300多名不同领域的学科专家资源，致力于在青少年中推进以培养创新精神与实践能力为重点的素质教育；合肥一中作为一所基础教育走在全省乃至全国前列的百年名校，以其先进的教育理念、优质的教育资源、优异的办学业绩，致力于把学校建设成为"大学预科，英才摇篮"，学校非常重视对学生科技素质、创新思维和实践能力的培养，努力为学生搭建平台、提供机会。

7.中国科学技术大学科技周

中国科学技术大学每年定期举办科技活动周，对社会公众开放包括国家同步辐射实验室在内的共计22个国家级实验室。通过科研平台、设施展示、图片展示、多媒体演示、现场解说、科普报告、互动游戏、科普教育影片，以及知识问答等多种形式，为广大公众呈献内容丰富、形式活泼的科技盛宴。合肥一中每年均受邀参与并组织学生参加此类活动。

5.1.2　科技创新课程网络平台建设

2014年7月，合肥一中与科大讯飞携手合作，共同打造教育信息化平台——合肥一中智慧学院。"使优质教育之光照耀每个角落"，不仅为广大青年学子所向往，更是合肥一中这一百年名校所肩负之使命与担当。在学校的大力支持下，合肥一中智慧学院逐渐摸索出一条适应互联网时代的创新发展之路。

合肥一中智慧学院依托合肥一中的优质师资力量，借助科大讯飞公司提供的技术支持，将合肥一中的卓越线下课程成功迁移至线上，让更多学子得以共享学校的教学成果。教师运用智能手机、平板电脑、个人电脑等各类互联网终端，轻松制作课程资源；学生可通过各类终端设备随时随地获取合肥一中的课程资源，参与学校线上课程的学习。智慧学院为广大师生带来便捷、高效的教学新体验，同时积极探讨移动互联网及大数据时代的教学模式创新。

智慧学院所开发的课程资源除供本校学子使用外，还拓展至全省乃至全国范围内的高中生，使得广大农村和边远地区的学生得以接触并学习合肥一中的课程，进而修得合肥一中的学分。智慧学院除高中基础课程外，还将通过资源共享、课程互换等方式，与海内外知名学府联合开设丰富的选修课程，充分满足广大学生个性化发展需求。此举旨在助力新课程改革、素质教育推进，以及促进教育公平发展。合肥一中智慧学院在努力探索中，不断变革传统教学模式，共享创新教学理念，引领学校乃至全省基础教育迈向"互联网+"时代。

合肥一中科技创新课程教师团队精心研发了丰富的科技创新教学资源（包括课例、微课等），依托学校智慧学院平台，将网络课程资源对外开放，形成了以"网络化""数字化"和"个性化"为特点的科技创新教育体系，如图5-1-7所示。

图5-1-7　合肥一中智慧学院平台

5.2　科技创新课程教师队伍建设

为推动高质量科技创新教育体系的建设，培养高素质拔尖创新人才，打造高质量科技创新教育教师队伍显得尤为重要。学校高度重视科技创新教育教师队伍建设，力求组建一支热衷于青少年科技创新教育事业、富有奉献精神、稳定且能力出众的科技辅导员队伍。在推进科技创新教育教师队伍建设过程中，学校进行了富有成效的探索。

5.2.1　校内科技创新课程教师

学校设有各类科技创新类社团，并举办相关竞赛活动。在这些活动中，社团指导教师热衷于科技创新教育，他们具备卓越的业务能力，成为推动科技创新教育的主力军。此外，学校还从现有学科教师中发掘具有科技兴趣和特长的教师，担任科技创新课程教师，协同研发科技创新课程，辅导学生开展科技创新活动。

以笔者为例，2008 年以来一直从事技术学科的一线教学和校园科普教育工作，带领学生深入研究并分析和解读机器人竞赛规则，围绕规则思考机器人的设计方案，尝试搭建机器人，检验、优化设计方案，每个环节都尽力做到精益求精、尽善尽美。

科技竞赛极具挑战性，每个赛季要求差别很大，每个赛季都是全新的开始。但在学校各方面的大力支持和浓厚的科技创新氛围感染下，科技创新教育教师通过持续学习和实践，多次在相关教育教学评比中获奖，所辅导的学生在世界、国家及安徽省各类科技竞赛中屡获殊荣。

5.2.2　科技特长毕业生、在校生

历经 30 多年的科技创新实践，合肥一中培养了一批又一批优秀校友学长。合肥一中从具有特长的毕业生中选拔"助教"，以补充科技辅导员

的力量。哈尔滨工业大学郭乐凡同学、东南大学邓李硕同学、美国华盛顿大学颜青同学，他们共同担任"小老师"角色，如图5-2-1所示。他们响应母校的召唤，传承学校科创文化，引领和激励更多学生，显著提升了学生的学习力，激发了师生的创造力和实践力。

同时，学校组织有特长的高年级学生辅导低年级学生开展科技创新活动，学生的创新实践能力得到提升，同时他们自己也获得了成就感。

在科技辅导员的指导和校友学长的支持下，学校建立了以学生为中心的科创学习共同体。这个共同体拥有共同的目标愿景、强烈的集体荣誉感和自我潜能提升的愿望，以及追求创新实践、互助团结的文化认同。

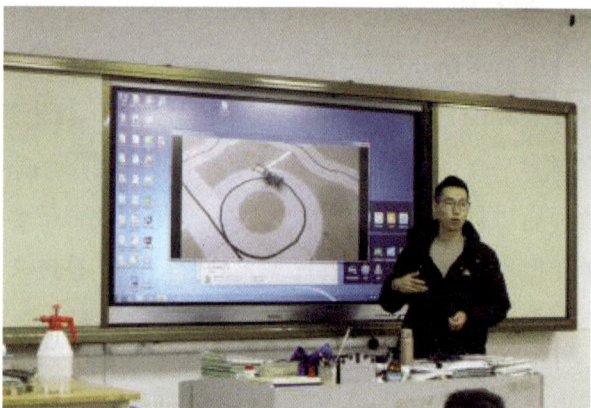

图 5-2-1　合肥一中科技创新教育"小老师"

5.2.3　高校兼职教师

学校积极推行"专家进校园"活动，通过校内外协同的方式，深入挖掘课程资源，同时提升教师课程设计与开发的能力。学校已与多所知名高校，如中国科学技术大学、北京航空航天大学、北京理工大学、西北工业大学、上海交通大学、同济大学、华东师范大学及合肥工业大学建立了紧密的合作交流机制，通过不断提升课程品质，共同打造了一套完善的科技创新课程体系。

学校结合学生的实际需求，聘请高校、科研院所教授、研究人员和相关专家协同开发课程资源，吸纳高校科研人员和相关技术特长人员担任兼职教师，他们的丰富经验和专业知识可以给予学生更高层次的体验。每位学生的创造潜力和兴趣各有差异，各行业专家学者走进中学课堂，可以促使学生用不同方式、从不同角度思考和解决问题，进而满足学生多元化、个性化科技学习和发展的需要。校外专家走进校园、走近学生，不仅能丰富科技创新课程的内容，更能提升科技创新课程的品质。

5.2.4　科技创新教育教师专业成长共同体

教研工作是基础教育质量的重要保障，对于推动课程改革、指导教学实践以及促进教师专业发展具有深远影响。学校秉持"理实融合"的理念，周二上午定期开展教研活动，鼓励教师进行课题研究，同时提倡"走出去，请进来"的方式，提升自身业务水平。

教研团队以项目驱动和引领为策略，针对相关课题进行深入研究，如《PBL教学模式下STEAM教育实践研究》《中学生科技创新实践活动的校本化教学与研究》《实施STEAM课程发展学生核心素养研究》《基于科技创新活动的高中生创新思维和实践能力培养的实践研究》以及《中小学信息技术课程体系中机器人教学内容研究与资源开发》等。

通过以上几种形式，学校科技创新教育教师队伍日益发展壮大，已形成一支敢于探索、锐意进取的研究型科技创新教育教师团队。今后，学校将持续邀请省内外专家进行指导，提升科技创新教育教师的理论水平和业务素养。

第6章

中学科技创新课程管理与评价

为进一步推动科技创新课程改革，合肥一中成立了"科技创新课程建设研究小组"，该小组由校科创实验中心负责统筹协调，同时得到教务处、教科所、年级部等的大力支持。在实施过程中，学校严格执行课程实施计划，强化课程管理，以确保课程实施质量。此外，学校还构建了过程与结果并重的评价体系，以"课堂教学记录"为切入点，依托成长档案袋，参照项目研究成果，实施学分化评价。

6.1 科技创新课程实施管理

6.1.1 科技创新课程建设保障

1.政策保障

依据科技创新课程建设的目标与要求，学校构建相应的考核与评估机制，以鼓励广大师生踊跃参与科技创新课程建设。学校制订《合肥一中教师专业能力评价实施方案》《合肥一中教科研奖励制度》等，对教师及学生在各类竞赛中的优秀表现给予奖励。通过考评手段，发掘并培育在特色课程建设领域具有独特见解、专长且作出贡献的师生，以激发他们的科技创新热情。

2.人力保障

学校持续强化提升科技创新教育教师的教育教学能力，通过"引进来、走出去"的方式，邀请全国科技创新教育领域的专家学者以及优秀骨干教师来校交流合作；组织相关课程教师赴科技创新教育发展领先的省市学习考察，以深入推进"种子教师"培育工程。学校鼓励更多教师积极参与科技创新教育，构建老、中、青相结合的富有活力的科技创新教育师资队伍。

3.经费保障

学校投入充足的科技创新课程建设经费，强化科技创新教育基础设施的建设，打造专业实验室、科技活动室以及科技图书馆（角），以满足当前科技创新教育的迫切需求。同时，学校继续深化与高校及科技馆的合作，邀请专家对课程设计和设施建设提供指导，确保学校科技创新教育与高校对接。

6.1.2 科技创新课程开发与实施

科技创新课程开发与实施是一个系统工程，合肥一中建立了自上而下、全面的科技创新课程管理机制，加强科技创新课程管理，使课程建设和实施规范、科学、严谨。为进一步提升学校科技创新教育水平，学校成立"科技创新课程建设研究小组"，由校长亲自挂帅，联合教科所、科创实验中心、年级部等相关部门，共同负责科技创新课程的规划、构建、开发、管理与评价等事宜。该小组在校长直接领导下，将科技创新课程纳入学校常规教育体系，确保课程按照规划有序、高效开展。同时，定期进行督查与评估，对科技创新课程建设和实施过程进行反思与总结。

学校聘请中国科学技术大学教授担任科学副校长，邀请知名高校教授担任课程专家顾问，共同参与科技创新课程的研讨，以优化课程布局。在课程开设目标、方向、教学时间、内容、方法、评价等方面，学校组织专家和教师进行深入讨论，并制订学期工作计划。同时，对科技创新课程的开发与实施进行指导，制订考核指标与措施，开展定期调研与检查。

在课程实施过程中，学校对学生选课、教师教学、学习效果及质量进行全面评估，对科技创新教育教师进行教育教学考核。通过实践，不断完善课程开发与实施流程。教师在申报科技创新课程时，需明确课程目标、实施要求、内容设计及评价计划等，经科技创新课程建设小组评估后决定是否立项，并对课程实施过程进行跟踪指导。课程结束前，教师需提交相关文本资料，以确保课程质量。

6.1.3 科技创新课程实施质量保障

1.坚持"知·行·创"课程观

学校通过各种措施，着力提升教师课程意识，确立"知·行·创"（"以知为基，行为本，创为魂"）课程观，重视学生创新精神和实践能力的培养。学校借力科技创新课程建设，立足课程的多元性与开放性，满足学生科学素养提升的需求，适应不同层次学生的学习需求，激发学生兴趣和爱好，助力学生人生发展。

2.丰富课程建设内涵，提升课程品位

学校秉持严谨务实的态度，构建了"1436"科技创新课程体系。此体系在继承"七彩课程"的基础上，进行拓展与创新。课程体系明确了科技创新课程的价值取向，引导学生改变学习方式，注重实践、探究、交流及合作，并改革课程实施方式，全面提升课程建设内涵与品质。

3.创新育人机制，丰富课程资源

学校组建校内核心团队，携手研发科技创新课程配套资源包，精心制作微课，汇集特色案例；与高校通力合作，共同推进科技创新教育项目，开发项目资源，培养优质中学生英才，策划并实施科学探索夏令营等活动；发挥地理区位优势，以合肥市全国科教名城为依托，整合高校、科研院所、企事业单位、社区、家长等各方资源，创新课程开发模式。

学校以物理工程、生化环境、机器人、天文、人文社科等课程为主导，邀请中国科学技术大学、中国科学院合肥物质科学研究院、合肥工业大学、安徽大学等高校、科研院所的专家学者担任学术课程导师。

学校依托智慧教育平台，开发信息化科学教育课程资源，力争使科学教育精品课程基本实现网络化、微课化、互动化教学，将科技创新课程从线下迁移至线上，满足学生多样化、个性化学习需求。

4.以"项目"推进课程建设，使课程理念落到实处

根据科技创新课程的建设目标，学校采取项目引领的方式进行课程开发。科技创新课程横向上可分为学科必修课程、科技社团课程、基地项目课程以及U-S协同课程四个类别；纵向上可分为基础型课程、拓展型课程和研究型课程三个层次，为学生提供自主选择各类课程的机会，旨在满足学生个性化发展需求。随着课程层级的提升，培养要求逐渐提高，以激发学生探索兴趣并为其未来专业发展奠定基础。

6.1.4 科技创新课程建设创新

1.理念创新——搭建一个育人方式转变的"新平台"

学校将陶行知教育思想与合肥一中办学理念相结合，创新性地提出"知·行·创"课程理念，强化学生综合素质培养，尤其是提升学生的科学精神、创新实践能力，破解创新型人才早期培养难题，实现育人方式变革。

2.体系创新——探明一条科技创新课程体系建设的"新路径"

学校确立以培育学生"科学精神和实践创新"为目标，开发出具有学校特色的跨学科科技创新课程，构建了"1436"科技创新课程体系。以学生为中心，分层分趣施教，实行"普惠+拔尖"双线并行的培养模式。

3. 协同育人机制创新——打造一个科技创新课程资源开发的"新样板"

"因校制宜，开发资源"，利用原有科技社团活动的相应资源开发课程。"专家引领，金牌教练执教"，聘请高校、科研院所、教研员和相关专家协同开发和建设课程资源。

4. "云上平台"建设创新——摸索一条科技创新"金课"实施的"新方法"

学校采取线上、线下相结合的教育方式，利用学校智慧教育平台，开发和集成各类网络课程资源，实现网上教学和互动交流。

6.2　科技创新课程评价

合肥一中一贯注重课程建设与优化，2014年8月，《合肥一中深化课程改革方案》正式公布。该方案从目标设定、组织领导、课程设置及实施、学分管理等方面进行全面规划。通过整合国家课程、地方课程以及校本课程，构建起"七彩课程"体系，使学生能够依据个人兴趣和发展需求自主选修课程。在教学过程中，实施走班制、分层教学、个性化排课等策略，切实体现新课程理念中的"以学生为主体"，让学生在严谨且系统的课程体系中接受教育，激发自身潜能。

6.2.1　教学活动评价

科技创新课堂教学评价的实施，需遵循一般课堂评价的基本原则，如教学目标须明确且可观测、教学重点务必突出、教学难点需有效突破等。与此同时，科技创新"知·行·创"课程理念贯穿于课堂评价之中，充分展现"怀天下抱负，做未来主人"的宏大情怀。学校围绕"基于学生多样化、个性化发展的普通高中'七彩课程'建设实践与探索"以及"知·行·创：中学科技创新课程建设的实践探索"两项教学成果，积极探寻提升科技创新教育品质的新方法与新途径，积累了许多值得总结与推广的经验。

在评价方式上，主要采用形成性评价与总结性评价相结合的方式，侧重于定性分析。通过学生问卷调查、座谈会、学生课堂反思等途径，收集并评估教学评价信息。

6.2.2 教师评价

教师作为实施科技创新课程的核心力量，如何激发其积极参与和组织管理科技创新课程？除完善管理机制和提供培训外，还需构建积极的评价引导机制。在实际操作中，广泛收集评价信息，开展课堂观察、代表作展示（如公开课、教案等），鼓励教师参与各级各类教研与研讨、进行教学反思、创作教研论文等。同时，注重收集对学生学习成效和良好行为习惯养成具有积极影响的研究信息，对教师的教育教学进行客观、科学、合理的评价。

学校实施教科研奖励制度，以提高教师参与度。依据《合肥一中教学与教研成果奖励条例》，对在科技创新教育领域取得显著成绩的师生，学校给予相应的物质和精神奖励，此举极大地激发了师生投身科技创新教育和科研工作的积极性。条例第七条规定："数学、物理、化学、生物、计算机竞赛中学生获奖，按每生获奖奖励指导教师。"第八条规定："科技类比赛、青少年科技创新大赛、'三小'发明创造、科技论坛、中学生机器人、航模、电子等科技类竞赛，参照上一条执行。"

6.2.3 学生评价

学生质量评价主要涵盖以下几个方面：

1.学业测评

学业测评主要以现行考试形式进行，以客观、公正地评估学生的学业表现。

2. 学分认定

学分认定是学生学业综合评价的一个重要的客观依据，旨在检查学生修习情况，促进学生的学习和成长。学分认定既要重视学生的学习结果，又要关注学生的学习过程；既要有教师的评价，又要反映学生的自我体验，终结性评价与过程性评价相结合；既要体现高中新课程的理念，又要继承传统的好经验，力求全面、真实地反映学生的学业成绩和成长过程。

3. 成长记录

此项评价包括多个部分，如学生评语、学习成果展示、个体特征描述等，全面、细致地记录学生的成长过程，以展现其在各方面的进步与成长。

鉴于科技创新课程实践性强的特性，学校构建了一个过程与结果并重的评价体系（如表6-1-1）。该体系以"课堂教学记录"为核心，成长档案袋为支撑，项目研究成果为依据，实施学分化评价。基础型课程每学期集中授课9次，每次2课时。学生需满足过程性评价及总结性考核要求，方可获得1学分。拓展型、研究型等课程则根据学生学习实际情况，以成长档案袋与项目研究成果为评判依据，经指导教师审核、学校批准，学生方可获得相应学分。

表6-1-1　合肥一中科技创新教育学生评价指标体系

评价维度	评价指标	权重
学习表现	模范遵守教与学活动的纪律要求	10%
	乐于助人，融入集体，学习热情高	
	崇尚科学，追求真知，有浓厚的科创兴趣	
	表现积极，交流讨论，提出自己独到的观点	

续 表

评价维度	评价指标	权重
活动参与	勤于实践，认真参加每次活动，活动前能够做好准备工作	20%
	开展小组合作，高质量完成所分担的任务，工作效率高	
	资料收集和整理工作严谨、细致	
	认真开展探究实验，撰写报告科学、规范	
方法应用	深入思考，有自己的研究思路和工作方法，乐于合作、分享	20%
	能够迁移应用，运用已有知识解决实际问题	
	善于总结，在实践中形成解决问题的一般方法	
能力获得	正确认识自我，具有理性思维、批判质疑的科学品质	25%
	具有劳动意识，形成积极向上的生活态度，有强烈的社会责任感和使命感	
	尊重知识产权和他人劳动成果	
创新发展	养成主动学习、勇于探究的学习习惯	25%
	勤于钻研，敢于担当，善于发现问题，形成问题解决方案	
	设计实验原型或系统模型，最终解决问题或形成创新成果	
	理论与实践相结合，增强对知识和科学技术的应用创新	

第7章

中学科技创新课程实施效果与实践成果

　　合肥一中以科技创新课程建设为抓手，营造出浓厚的科技创新教育实践氛围，科技创新教育成效显著。学校先后获得"小平科技创新实验室""世界顶尖科学教育联盟实验基地校"；学生在各类科技创新竞赛中获国际、国家级科技竞赛奖项300多项，学生科学素养全面提升。合肥一中毕业生进入高校学习后，科研兴趣浓厚，创新思维活跃，创新发展潜力强，受到各知名高校的充分肯定。

7.1　科技创新课程实施效果

7.1.1　课程育人，培育科学精神和实践创新核心素养

　　高质量实施科技创新教育是培养未来创新型人才的重要途径。科技创新教育促进学生积极思考、创新设计、动手实践，实现"全面施教、广育英才"的人才培养目标。

1.培育学生科学素养，促进可持续发展

　　随着学校科技创新教育的持续开展，学生展现出极高的学习热情，他们热衷于探究、擅长创新、善于学习、注重实践、懂得合作，思维能力得到显著提升。这些学生在高校备受欢迎，很多学子在后续学术生涯中取得了优异的成绩。机器人队前队长李一恒同学、科技创新竞赛优秀

选手俞颉颅同学荣获中国科学技术大学本科生最高奖项"郭沫若奖"，无线电社前社长林未同学获得北京航空航天大学本科生最高荣誉"沈元奖章"。众多毕业生成长为各知名高校科技创新活动的核心骨干，他们在科学研究中取得了丰硕的成果。

2.科技素质拔尖，竞赛成果丰硕

合肥一中开展科技创新教育以来，培养了一大批学业优秀、能力突出、科技素质拔尖的优秀学子，他们在国内外各类科技竞赛中取得了优异成绩；学校累计收到学生创意作品几万份，部分同学成功申请了国家发明专利、实用新型专利等。据不完全统计，2007年以来，合肥一中9次代表中国参加世界机器人锦标赛，获得国际奖项27项（其中世界冠军2项、亚军2项），入选中国青少年科技创新竞赛国家队并代表中国赴美国参加国际工程大奖赛、赴西班牙参加欧盟青少年科学家竞赛等，几十人次获奖。合肥一中学子连续五年获得中国青少年机器人竞赛全国冠军，学生在全国青少年科技创新大赛、机器人竞赛、全国电脑作品制作比赛等获得国家级奖项200多项（其中冠军15项），共计160多人入选中国科学技术协会科技创新后备人才培养计划，师从中国科学院院士、学术大师进行科学研究，人数位居安徽省各中学首位，5人获得"中国青少年科技创新奖"。

7.1.2 教学相长，促进教师专业能力发展

学校开展科技创新教育以来，教师专业素养和业务能力得到显著加强，教学科研水平不断提升，涌现出众多敢于创新、勇于开拓的优秀教师。在全国性的业务竞赛中，共有12人获得一等奖、7人获得二等奖；省级相关竞赛20人获得一等奖。课题研究方面，已有9项省级课题顺利结题，在各类期刊上发表论文40余篇，并有多部专著出版。

此外，2人获得国家级"万人计划"教学名师荣誉称号，5人晋升为正高级教师，7人被评为特级教师；1人享受国务院政府特殊津贴，9人

享受省政府津贴；3人被评为合肥市专业技术拔尖人才，7人被评为合肥市学科带头人，另有10多人次荣获合肥市"十佳优秀科技辅导员"和"优秀科技辅导员"称号。

7.1.3　擦亮名片，形成学校科技创新特色

科技创新活动已逐渐成为合肥一中标志性特色，学校先后荣获"世界顶尖科学教育联盟实验基地校""全国中小学机器人教育实验校""小平科技创新实验室""安徽省科技优秀单位"以及"合肥市科技教育特色学校"等荣誉。学校积极参与全国教学应用展示、安徽省改革开放40周年科技创新成果展、安徽省优秀科技社团展示等活动，并成功举办七届安徽省科学探索夏令营。此外，学校还负责承办全国电脑制作与机器人比赛，连续承办十九届安徽省、合肥市青少年机器人竞赛，以及五届合肥市创意编程竞赛。学校热情接待了众多来访的科技创新教育同行，人数累计达数千人。

7.1.4　辐射引领，推广课程建设成果

"教育援疆"是党和国家的重要决策，合肥一中将科技创新课程的理念、模式、资源拓展至新疆皮山县高中，有力地推动了民族间的互动、交流与合作，科技创新教育逐渐成为新疆皮山县高中的办学特色。通过拓宽少数民族学生的视野、提升其科学素养，该校连续五届在新疆维吾尔自治区机器人比赛中荣获第一名，刷新了新疆皮山县及和田地区机器人大赛的纪录。合肥一中一直携手中国科学技术大学、安徽省青少年科技活动中心、合肥市创造学会举办全省初中生科学探索夏令营活动，在青少年中播撒科技创新的种子。

学校科技创新课程建设成果已在甘肃、新疆以及省内阜阳市、亳州市、巢湖市、芜湖市等100多所学校推广应用，在发挥示范引领作用、推动区域科技创新教育发展、培育学生核心素养方面成效显著。各类科

技创新教育活动惠及数十万中学生，产生了深远的社会影响，社会效益突出。中央电视台、新华网、人民网、香港卫视、安徽电视台、安徽日报等主流媒体纷纷予以报道，引发社会热烈反响。

7.1.5 总结反思，推动科技创新教育可持续发展

1.牢记科技创新教育育人宗旨

习近平总书记对"培养社会主义建设者和接班人"作出的一系列重要论述，深刻回答了"培养什么人、怎样培养人、为谁培养人"这一根本性问题。学校开展科技创新教育的目标是让创新的种子在学生心中生根发芽，让他们把对科学的热爱转化为终身的志趣，树立正确的科学观、人生观，未来更好地建设国家。

2.提升科技创新课程品质

科技创新课程要为发展人服务，课程建设应以提升学生核心素养为目标，进一步巩固科研项目的驱动引领作用，优化科技创新教育教学平台，根据学校及学生的实际情况，适时调整和完善科技创新课程内容，以推动科技创新课程建设迈上新水平。

3.创新发展协同育人机制

为进一步提升U-S协同育人模式的创新程度，合肥一中深入探讨科技创新课程的开发与实施、科技教师培训以及评价机制等，并深化与科研机构、高校、科普机构的协同育人机制。学校加强对科技教育教师的专门培养与培训，如选派教师进行短期学术访问和工作于国内外知名高中与理工科高等院校，借鉴其他地区的先进成果与经验，同时加强与发达地区的交流与合作，以提升科技辅导教师的理论素养与实践能力。学校探讨设立安徽省科技创新教育研究中心，依托科研机构、知名大学及科普机构，对科技创新教育展开系统性研究，涵盖政策法规、培养模式、课程开发、教师培养等领域。

4.推动信息技术手段与科技创新教育深度融合

学校鼓励教师在开展科技创新教育课程时，要优化课程建设，充分利用信息技术，升级网络平台课程资源，提高在线开放课堂的品质与水准。通过打造"云端金课"，实现精品课程的共建与共享，进一步推动信息技术与科技创新教育的深度融合。

5.政策支持是实施的保障

政府相关部门应研究并制定科技创新教育行动法规、计划，加大对科技创新教育的政策扶持力度。围绕创新实践教育和科技创新课程教学，全面积极地推动广大师生参与科技创新实践活动，确保在政策、制度和资金方面提供充分保障，为教学和实践活动提供必要条件。同时，建立必要的政策激励机制，鼓励教育工作者投身于科技创新教育事业。

6.优化区域协同联盟

安徽省教育厅与合肥市教育局在科技创新教育表现优异的学校举办全省、全市范围的校长及科技辅导员现场调研会议，自上而下传达相关政策精神，营造良好氛围，并召开阶段性总结会议。会议可探讨成立知名学校科技创新教育联盟，以辐射带动其他学校的发展。同时，整合区域资源，建立省际间特别是与长三角区域的科技创新教育联系，加强对学生科技素养培育的研究与交流。

7.2　科技创新课程研究实践成果

7.2.1　综合技能机器人创新成果

1.中国青少年机器人竞赛简介

中国青少年机器人竞赛（China Adolescent Robotics Competition，简称CARC）由中国科学技术协会主办，是国内最具权威性的机器人竞赛之一。机器人综合技能比赛作为国内原创机器人赛事中举办最为成功的赛事之一，要求参赛选手在现场根据赛题进行编程和完成机器人搭建，通过任务完成情况获得相应分数，极大地考验选手的动手能力、实践能力、创新能力和应变能力。

鉴于竞赛难度较高，厂商被允许对综合技能机器人进行设计，绝大多数参赛队伍倾向于直接使用厂商设计完成的机器人参赛。这是因为厂商设计的机器人具备较高的完备性，且无预留的改装空间，亦无量产零件可供选用。同时，改装过程需投入大量人力物力，却未必能取得显著效果。因此，仅约10%的参赛队伍会对机器人进行自主改装。在完成每个任务时，我们都会寻求优于厂商设计的解决方案。

我们对机器人的大部分结构进行了重新设计，整台机器人超过一半的结构件均由我们自行设计并制作。首先在草稿纸上规划设计出全新的结构件，并通过数学方法计算出零件尺寸，随后利用锯子将铝材加工成所设计的形状。在整个过程中，各项任务均需经过多次改进以不断完善，如图7-2-1所示。至全国赛时，结构件已修改超过12次，程序编写则历经10个不同版本。在市赛中，至少有10支参赛队伍"借鉴"了我们的创新改良成果。全国赛场上，裁判目睹了我们改装后的机器人的表现后，都情不自禁地竖起大拇指。

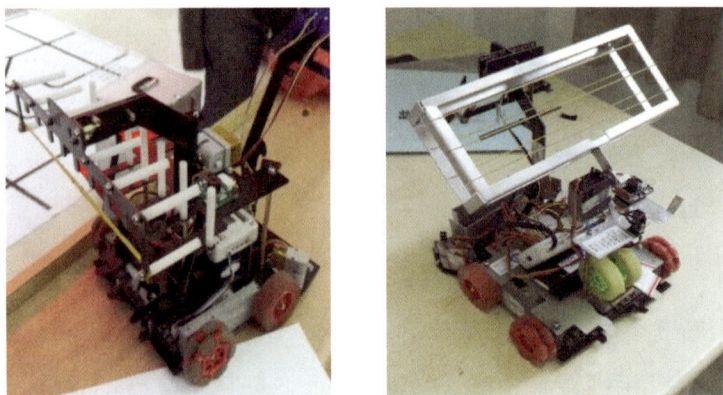

图7-2-1　原装机器人（左）和改进后的机器人（右）

2.机器人设计与制作

第十六届中国青少年机器人竞赛要求机器人根据规定完成各项得分任务，下面针对本届比赛的各项任务，详述相应机器人解决方案。

任务1："采购货物"任务

（1）在某一个十字拼装块上堆放着6个边长均为20 mm的立方体，其中4个立方体为黄色，2个立方体为红色，这6个立方体彼此之间没有粘接。可能的摆放方式如图7-2-2所示。(只有这两种堆放方式，但红色立方体的位置是随机的)机器人行驶到该拼装块附近，将尽可能多的黄色立方体装到机器人上，使得这些立方体与地面或其他立方体不再接触。

（2）每装入一个黄色立方体记15分，每装入一个红色立方体扣10分。

（3）获得50分就算完成"采购货物"任务。

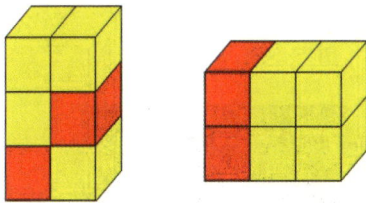

图7-2-2　红色、黄色"货物"的堆放方式

【方案】在本届比赛中，"采购货物"任务堪称难度之最，挑战性在于要求机器人具备区分红色、黄色"货物"的能力，且仅回收黄色"货物"。任务看似简单，实则极具挑战性。原厂方案存在一个严重缺陷，即在分拣过程中，若"货物"不慎跌落至后底板，便无法进入分拣区，导致无法继续分拣。为解决此问题，我们设计了一个改良方案，即"Abbey"板，这是一块位于后底板的副板，其一端采用透明胶固定于后底板，另一端则系有一根橡皮筋，与左后爪相连。如此设计使得"Abbey"板能随左后爪的动作，自如地立起或放下。立起时，形成坡面，有助于防止"货物"掉到后底板上，避免影响后续分拣；放下时，紧贴后底板，不会妨碍爪子的收回。这一创新设计得到了广泛好评，并迅速被多所学校机器人队采纳。

除此之外，对机器人的两个"爪子"进行了全新设计（如图7-2-3与图7-2-4），其由一整块铝板折叠而成。它可以提升搭建效率，同时增强完成任务的稳定性。

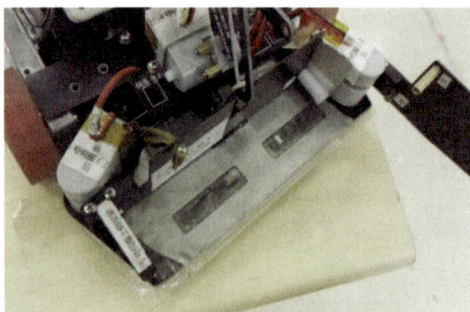

图7-2-3　"Abbey"板放下

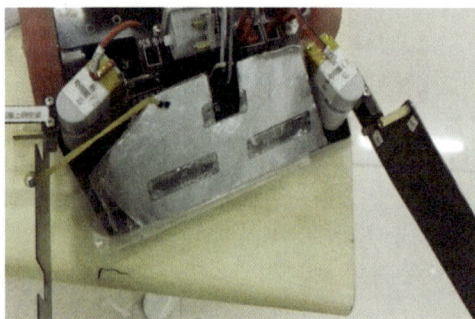

图7-2-4　"Abbey"板立起

实际上，"采购货物"任务复杂性的核心体现在程序编写上。由于厂家提供的传感器稳定性较差，我们需要编写各种复杂逻辑以解决硬件方面的不足。

任务2："以货易货"任务

（1）在某一个十字拼装块上堆放着6个边长均为20 mm的蓝色立方体，彼此之间没有粘接。所有可能的摆放方式如图7-2-5所示。机器人行驶到该拼装块附近，将在"采购任务"中获得的黄色立方体卸下，装上蓝色立方体。

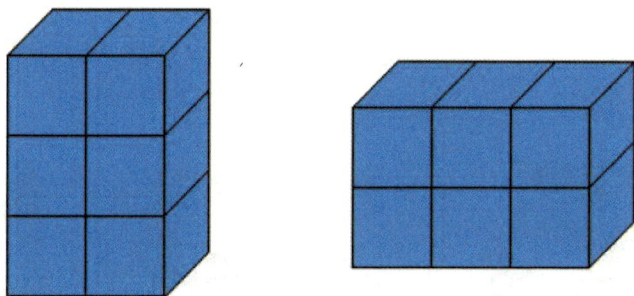

图7-2-5　蓝色"货物"的码放方式

（2）成功地将一个黄色立方体卸下并装上一个蓝色立方体记20分。如果只是将拼装块上蓝色立方体装在机器人上，而没有卸下相应数量的黄色立方体，则不得分；如果卸下了黄色立方体但没有装上相应的蓝色立方体，则多卸下的每个黄色立方体扣10分；如果装到机器人上的蓝色立方体改变了堆放方式，不扣分。

（3）放下的黄色"货物"没有完全脱离该任务拼装块，视为有效；易货任务完成并记分后，机器人不得再返回该拼装块取黄色或蓝色"货物"。

【方案】面对如此规定，大部分参赛队伍可能会倾向于采取与采购相似的方法，通过传感器筛选掉两个蓝色"货物"，进而回收剩余的四个蓝色"货物"。然而，这种策略不仅耗时较长，而且错误率较高。

自规则发布后，我们一直在探讨如何简化任务执行过程。我们初步设想了"直接用爪子将队列最左边的两个蓝块推移，同时收回剩余四个"的策略。然而，该方案并不具备稳定性，稍微偏离预定位置便无法达到预期效果。在此基础上，我们受到启发，提出了一种更为稳定的交换方案：首先，利用右爪将"货物"整理成一排，确保蓝块紧密相邻；接着，稍微打开爪子，使蓝块保持排队状态，然后向前移动，最后漏掉末尾的两个蓝块，收回剩余四个。这一方案得到了全体参赛队员的肯定，甚至连裁判都为之赞叹不已。

随后，为确保应对各类突发状况，左侧后爪也写了一份备用方案，以应对在不利条件下执行任务。如图7-2-6所示。

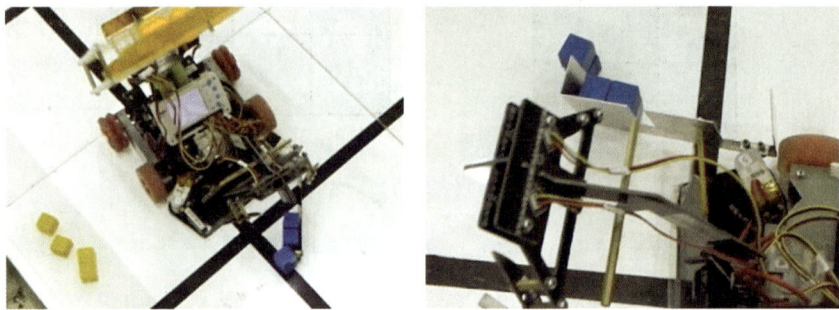

图7-2-6　改装后的机器人

任务3："璀璨明珠"任务

（1）某个规定的十字线拼装块内固定一个宽250 mm、高160 mm的支架，如图7-2-7所示。支架上有4个直径20 mm的孔，每个孔上放一个标准乒乓球（直径40 mm），机器人要设法取下支架上的乒乓球，并将其稳妥地放置在自己身上，且与地面没有接触。

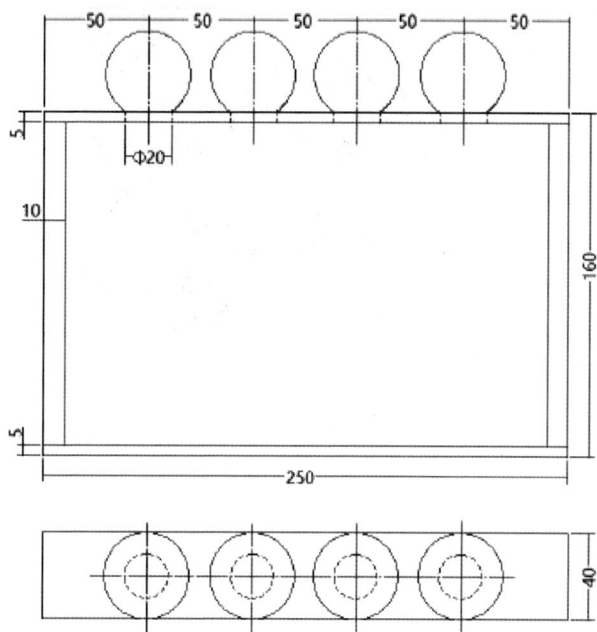

图7-2-7 璀璨明珠

（2）每取下一个乒乓球并放置到机器人上记17分，如果取下乒乓球但没有放在机器人身上则不记分，从支架上掉落到地面的乒乓球不能再使用。

（3）获得50分就算完成"璀璨明珠"任务。

【方案】针对"璀璨明珠"任务，机器人的改装涉及的变动堪称最为复杂，从根本上重塑了机器人顶部构造。主要原因在于，厂家的原始安装方案既复杂又不稳定，还存在潜在的故障风险，如图7-2-8。

图7-2-8　原装方案

因此，我们设计了一个独特的框架——"乒乓球拍"，其内部弹性橡皮筋的设置使得乒乓球只能进入，无法逸出。同时，无论击打框架的哪个部位，都能精准捕捉到乒乓球，确保了较高的容错性。然而，在缺乏足够工具、材料的情况下，仅用锯切割铝片就已经极具挑战，更不必说制作一个中间镂空的框架。最具难度的改装工程就此展开。

在第一代改装方案中，我们力求最小程度地改变原装结构，并最大限度地减少螺丝的使用。我们选择从3号伺服电机上的螺丝延伸出两根长约16 cm的柱子，保留了原装的白伺服（VS-1电机，亦称"白伺服"，虽动力较小，但安装便捷）。我们设计好了"乒乓球拍"的图纸，并交由雕刻店制作，最后将雕刻好的"乒乓球拍"安装在白伺服电机上。尽管任务得以完成，但鉴于白伺服电机的动力较小，一旦稍有偏差，便无法正常取下乒乓球，这并未解决容错率较低的问题。

（1）第一代方案。

在两根柱子之间，设置一块铝制定位板，使其前端折叠，以实现定位功能，如图7-2-9所示。

图7-2-9　第一代设计方案

（2）第二代方案。

针对白伺服动力不足的问题，我们选择更换为黑伺服（即MG995舵机，俗称"黑伺服"，虽安装难度较高，但具备较大的动力）。黑伺服的安装方式与白伺服存在显著差异，白伺服为横向安装，黑伺服则为竖向安装，而"乒乓球拍"的接口也为竖向。因此，我们不得不重新设计图纸，降低柱子的高度，并将定位板的后部折叠竖起，进行打孔处理，使之与黑伺服下部的螺丝连接。在定位板的空白处，采用魔术贴固定音乐模块（音乐模块需按照规则安装在机器人顶部显眼位置，以完成"放歌友谊"和"发送消息"任务）。此外，在"乒乓球拍"上安装自制的L形支架，并与黑伺服连接，如图7-2-10所示。这一改装效果显著，并一直延续至省赛结束。

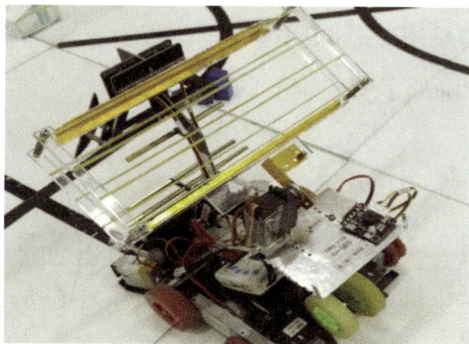

图7-2-10　第二代设计方案

（3）第三代方案。

尽管有了定位板，但若机器人前行距离过长，仍可能损坏乒乓球架。为解决此问题，我们在定位板上增设了触碰传感器，并在程序中运用循环结构，如图7-2-11所示。当传感器被触碰或达到预定时间，机器人将停止前行。这一设计极大地节省了调试时间。

图7-2-11　第三代设计方案

（4）第三代方案升级版。

省赛之后，考虑到原设计安装过程较为繁琐且耗时较长，我们对设计进行了优化。我们设计了一款由铝板折叠而成的"乒乓球拍"，并将其交由工厂进行批量生产。经过改良后，整个铝制"乒乓球拍"仅需4个螺丝即可固定，相较于原来的12个螺丝，大大简化了安装过程。此外，我们将触碰传感器采用蘑菇扣固定在定位板上，此举不仅显著提升了结构的稳固性，同时降低了安装难度。

任务4："搭建帐篷"任务

（1）如图7-2-12所示，一个印有帐篷图案的80 mm×50 mm×30 mm木块(帐篷顶为尖顶)平放在某个固定拼装块上，要求机器人将其竖立起来(最长的方向平行于地面)，竖立起来的帐篷不得完全超出原有拼装块，且不得压住引导线。

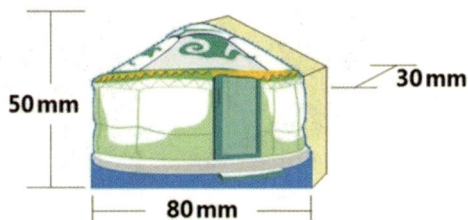

图7-2-12　帐篷尺寸示意

（2）机器人与该拼装块脱离接触后记分。模型立起且符合（1）的要求记60分，模型部分超出原有拼装块扣10分，模型颠倒扣10分。

（3）得到50分即为完成"搭建帐篷"任务。

【方案】根据规则我们知道，"帐篷"可能会有两种命题的形式，即尖头或平头朝向机器人。厂家的方案对于帐篷平头朝向机器人的情况，就显得束手无策了。在没有拿到机器人之前，我们就已经根据机器人的照片，设计出了改装方案。

（1）第一代方案。

在收到机器人之前，改装方案的设计已经完成，如图7-2-13所示。方案是将黑伺服与两个轮子简单直接地连接起来，安装在未来的原装铲子上。这种方式既不妨碍铲子的收起动作，又能满足任务需求，不足之处是安装过程相对较为复杂。

图 7-2-13　第一代方案

（2）第二代方案。

经研究发现，无需额外添加伺服，仅将原装铲子替换为轮子，便可借助轮胎的摩擦力，实现帐篷的快速搭建。为此，我们采取将轮子固定于平板之上，并连接 3 号伺服的策略，从而显著降低了搭建难度（如图 7-2-14）。

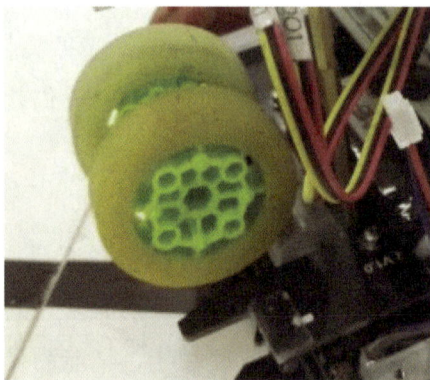

图 7-2-14　第二代方案

（3）第三代方案。

为了增强轮子的稳定性，我们对原有的设计进行了改良，采用上下两颗螺丝来固定轮子的圆心。根据几何学原理，两点确定一条直线，因此这两个固定点能够有效地保持轮子的稳定，无需再像以前那样依赖摩擦力进行固定，从而降低螺丝拧紧的程度要求。

（4）第四代方案。

在运用轮子的过程中，可能会对清理障碍任务产生负面影响。该任务要求机器人通过正前方的缺口将易拉罐制成的"障碍"推离现场，但由于轮子尺寸较大，可能会妨碍此任务的完成。为解决此问题，我们将轮子与伺服板的连接角度由原来的90°直接相连改为45°相连，从而使轮子能够收回到不影响通过障碍的位置，如图7-2-15所示。

图7-2-15　第四代方案

（5）第五代方案。

在45°连接板的折角处增设一横向支柱，有助于精确定位帐篷，但要避免因帐篷角度与机器人不平行导致轮子无法紧贴帐篷折角。

以上选取了本届机器人比赛中难度较大的任务进行介绍，我们针对各项具有挑战性的任务进行了全面深入的探讨与实践，除了所述的复杂任务，其余各项任务也有诸多优化与改进之处。除了为完成具体任务而设计的部件，我们为了使机器人的结构更加简单，搭建更少犯错误，还对机器人进行了很多优化。例如：把不需要承重部件的连接方式，由螺丝固定改为魔术贴粘接；在马达、伺服电机等位置进行标注，在显眼位置贴上"检查表"（如图7-2-16），减少比赛时犯错的概率。

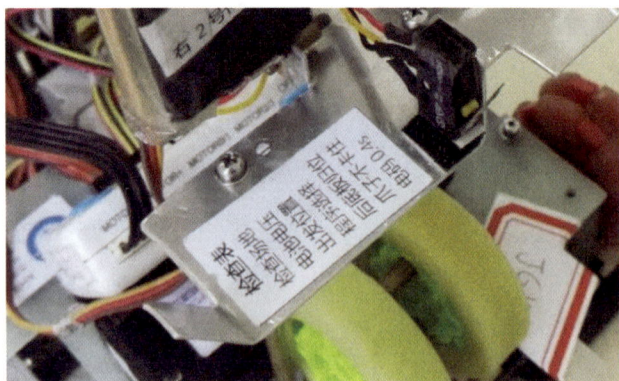

图 7-2-16　检查表

3. 机器人程序设计

赛事中，我们不仅对机器人的结构进行了优化设计，同时进行了创新性的程序开发。虽然厂家提供了综合技能机器人的程序模块，大多数参赛队伍会选择使用，但这些预设的程序未必能完全适合我们的机器人，从而降低任务执行效率。此外，厂家的代码和思路并未公开，我们仅能看到已完成的模块，无法对其进行修改，更无法深入了解机器人编程的本质。因此，除简单任务外的程序，我们都从底层自行设计。

我们所使用的编程软件是 VJC 3.2 MF7（上海未来伙伴机器人有限公司开发），其为图形化的流程图形式。我们利用"条件循环""条件判断"等流程图进行程序设计，软件后台会自动用 C 语言生成对应的语句。它的编程思路和计算机语言是一样的，只是表达方式不同。这种编程软件可以让我们在比赛时更加直观地调用写好的子程序，更容易找到程序的错误之处，在青少年机器人竞赛中很受欢迎。这种编程软件设计缺点在于，没有考虑到我们这种打算从底层设计的用户，导致在编写复杂语句时流程图会显得相当复杂。不过，这种程序设计思路在以后使用计算机语言进行编程时都可以用得上。

【方案】机器人研发过程中，我们对程序进行了十次重大修改。

（1）第一代程序。

此为该赛季首个版本的程序，凝聚了我们整个寒假的辛勤付出。该版本涵盖了几乎所有任务模块，充分考虑了各种具体情况（仅"帐篷"便设计了 16 种不同方案）。尽管采购模块采用较原始的判断方法：遇红色"货物"即分拣，黄色"货物"则反之。然而，若在一次分拣中已找到两个红色"货物"，机器人便直接回收剩余黄色"货物"；否则，机器人将返回继续分拣。这一多次分拣的循环结构，直至国赛均在使用。该版本程序存在的主要问题是，在传感器稳定性不佳的情况下，如遇阳光等外部环境干扰，可能导致误分拣。

（2）第二代程序。

硬件方面，采用了 2.0 版本的帐篷设计，即无需额外添加伺服系统的自立式帐篷搭建方式。同时，软件层面也进行了相应的调整。

（3）第三代程序。

硬件方面，我们对"乒乓球拍"进行了首次改良（采用白伺服方案），同时在软件层面对"明珠"进行了相应调整。在采购程序的判断逻辑上，我们从原先的"看到即分拣"优化为"连续观察一定次数后分拣"，以避免传感器不稳定导致的偶然误差。鉴于规则解释（针对帐篷的特殊情况）的实施，易货程序现已融入分拣操作。

（4）第四代程序。

"乒乓球拍"改装方案已升级至第二代（黑伺服），采购程序也进一步优化。如图 7-2-17 所示，新增容错判断机制，即在连续监测到红色信号的过程中，若短暂出现传感器误差，不立即执行清零操作，而是累积至特定次数后才执行清零。

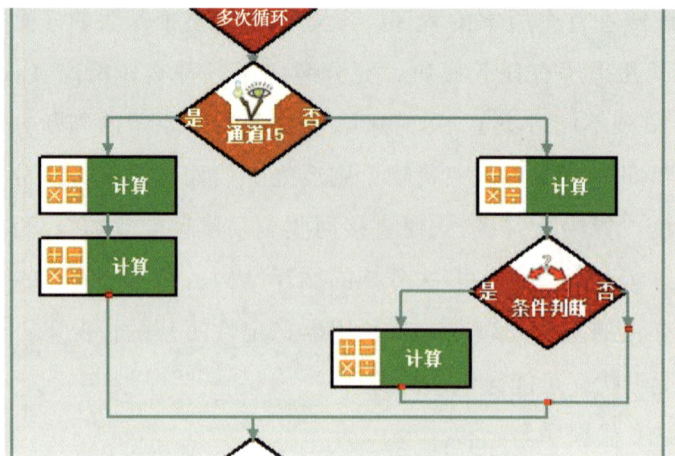

图 7-2-17 采购的容错程序

（5）第五代程序。

此次升级得益于后底板副板"Abbey"的惊艳亮相，使得采购分拣过程中的繁琐环节得以简化。此外，在采购和易货程序中，针对货物在漏斗形分拣区域卡滞的问题，我们引入了抖动程序。当长时间未见货物通过时，机器人可通过抖动方式，使货物脱离卡滞，从而大幅度提升任务完成效率。

（6）第六代程序（市赛程序）。

市赛前，我们对程序实施了大规模的数据校正，避免寒假期间的数据因机器人使用而失准。在采购与易货程序中，增设了货物存放位置的相应模块，以便于调用。同时，还加入了过锥台、上锥台等辅助程序。

（7）第七代程序。

这是针对采购和易货流程实施的最大规模的一次调整，判断逻辑经历了彻底的调整，对红色"货物"和黄色"货物"的处理方式分别采取了两套截然不同的策略。观察到红色"货物"时，会实施减速措施，以增加识别次数，提升精确度。此外，循环方式也发生了改变，从固定次数的多次循环转变为条件循环，通过变量进行计数。也就是说，根据速度差异，红色"货物"和黄色"货物"采用不同的变量进行累积，从而确保前进距离的一致性，使程序更具灵活性。后续的诸多改进都是基于这个基础进行的。

分拣完成后，机器人会先后退，然后继续进行分拣，以避免色块遗漏，同时防止机器人因加速时传感器计数次数增加而产生误差。引入颜色检测模块，根据不同场地条件，计算出相应的分拣临界值，提高程序的适应性。尽管分拣逻辑并未改变，但分拣成功率得到了显著提升。

（8）第八代程序。

我们在采购流程中引入了二次识别策略，即在首次识别出红色块后，在将其拨开的过程中持续进行识别。倘若识别结果并非红色块，可及时予以退回，避免遗漏黄色块。这种改进的优势在于，在拨开过程中传感器与货物相对静止，从而显著降低了读数错误的发生概率。因此，这一优化措施将误识别的概率降低了60%以上。

（9）第九代程序（省赛程序）。

本代程序中，我们融入了独创的不分拣的易货方案。此外，该程序采用了我们自己开发的专用于走菱形的特殊程序（如图7-2-18）。菱形是走线任务中最具挑战性的部分，因为其两边及入口均呈45°角，机器人可能从左侧或右侧通过。为提高走线稳定性，我们通过调整地面灰度传感器左右端口的优先级，使机器人朝特定方向转向。走线任务（即"丝路巡游"）是综合技能比赛的一大特色，比赛场地中央的7个拼装块会随机摆放各种形状的线路，选手需根据每场比赛的题目，设计相应的走线程序，这对参赛者的应变能力要求颇高。

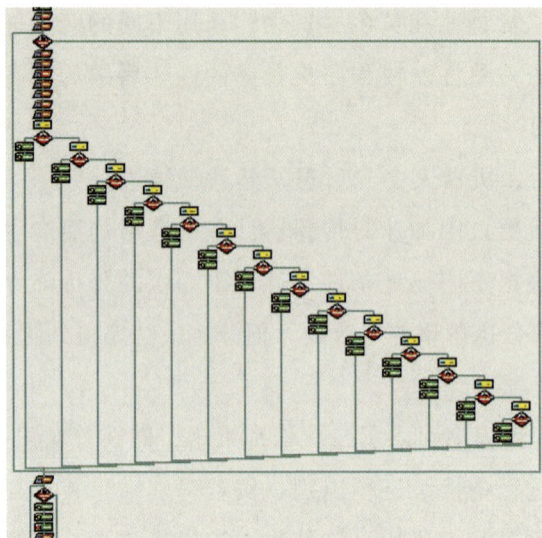

图 7-2-18　菱形走线任务程序

（10）第十代程序（国赛程序）。

省赛以后，我们做的最大的工作就是使机器人更易于安装。于是，我们设计了全新的"乒乓球拍"、第二层板和左右后爪。这些改装需要对程序进行重新的适配，如图 7-2-19。同时，我们进行了最终的数据收集，并设计出用左后爪的易货方案，防止货物出现在左边，右爪不容易抓到的情况。

GLF-2016v1.08-Julie.flw	2016/8/4 21:20	FLW 文件	6,409 KB
GLF-2016v2.22-Kate.flw	2016/8/4 21:21	FLW 文件	6,121 KB
GLF-2016v3.04-Luscious Liz.flw	2016/8/4 21:21	FLW 文件	9,294 KB
GLF-2016v3.08-Kinky Kylte.flw	2016/8/4 21:22	FLW 文件	9,043 KB
GLF-2016v3.11-Abbey.flw	2016/8/4 21:23	FLW 文件	11,764 KB
GLF-2016v4.02-Hungry Heidi.flw	2016/8/4 21:23	FLW 文件	14,225 KB
GLF-2016v4.12-Suzie.flw	2016/8/4 21:24	FLW 文件	16,859 KB
GLF-2016v5.05-Eva.flw	2016/8/4 21:25	FLW 文件	19,650 KB
GLF-2016v5.20-Margherita.flw	2016/8/4 21:25	FLW 文件	24,430 KB
GLF-2016v7.08-Halo.flw	2016/8/4 21:26	FLW 文件	24,327 KB

图 7-2-19　所有的程序截图

4.机器人训练与比赛

机器人综合技能比赛由于是现场命题，因此参赛选手不仅要对每一个任务设计解决方案，更需要当场编写适合赛题的程序。我们需要在学校进行大量的机器人训练，练习各种不同的场地，来锻炼临场发挥的能力。

（1）训练。

成绩和刻苦的训练是分不开的。高一第一学期期末，机器人设备一到，我们就对它进行了一番测试。寒假中，我们几乎每天下午都要训练，背着电脑，从头开始写程序，一个一个完成任务。之后再到各种不同场地打模拟赛。整个寒假，课外时间都花在机器人训练上面。虽然队员们家住得较远，但都克服困难经常一起联合训练。不去学校训练时，就将机器人带回家练习。经过一个寒假的刻苦训练，我们将机器人组装时间从一个多小时，缩短到了40分钟。

开学后，每周三的校本课程和周五晚上的时间，我们都会留下来进行机器人训练。但我们显然不会满足于此，只要头脑里有一点灵感，我们都会以最快的速度赶到机器人室，将思维的火花转化为现实的成果。大课间、课外活动时间……只要是能利用的时间，我们都会将它用上。每次只要有了一些收获，我们都会觉得很有成就感。

功夫不负有心人，在合肥市机器人比赛前，我们完成了大量的调试、改装工作，做好了一切准备。

（2）市赛。

拿到赛题，我们发现并没有什么难的，所有的任务我们都有过预案，将写好的程序调用一下就行了，走线也不难，虽然搭建速度比较慢，但我们并不担心。第一次调试，机器人走线几乎没有问题，剩下的就是单个任务了。我们写分段程序调用单个任务，巧妙穿越任务和发出指定字符的莫尔斯电码任务是要单独调用的。因为题目是随机出的，大约半小时，程序调试完成，第二次跑全场，已经没有问题。第三次调试，我们运行了几个备用程序，确保不会失误。

第一轮比赛，我们犯了一个错误，改装后的后底板需要归位，再加上赛前更换了伺服电机，使后爪的位置发生了偏差，必须依赖于归位，任务才能完成。本来不归位不会造成太大的问题，但由于种种巧合，造成了严重的后果——"货物"收不上来。不过这两个任务别的队伍也没完成，没有拉开分差。

中场调试，我们归位后运行原程序，完全没有问题。第二轮是比得最好的一轮，该拿的分都拿了，创造了全场最高分：622分。

好运并没有持续到第三场，由于场地条件的变化，机器人出现了误识别，损失了很多分。而兄弟队伍却完成得不错，他们的程序经过改动，识别效率较高。不过，由于第二轮我们的优势巨大，总分他们并没有超过我们。整场比赛我们的程序没有改动过，三轮的成绩却各不相同，主要的问题还是出在采购和易货上。这说明程序不够稳定，适应场地能力不强。但相较于其他兄弟学校，我们还算很不错。

（3）省赛。

省赛的开局没有市赛那么幸运，机器人还没上场比赛，我们就遇到了麻烦：机器人无法下载新的程序，但能覆盖原有的程序。我们赶忙换了台备用电脑试试，也不行。要想解决这个问题，只能格式化机器人主控器，但万一失败，原有的程序也跑不了。经过冷静的分析，我们决定不进行处理，将程序名改为已有的程序名，这样就可以覆盖掉原来的程序，然后再进行调试。

留下的隐患就是重选程序时，需要翻过很多页才能找到，浪费时间。

初中、小学组都在排长队调试，高中组不用排队，只要不撞车，别人出发了，你可以接着跑，这样大家都有了充足的调试时间。其实这不一定是好事，因为大家都能调试完成，像我们这种调试得快的，就不占优势了。

更不走运的还在后面，调试时，我们的机器人和别人的撞上了，机器人身上一块用502胶粘上的加强板撞松了。主场比赛的优势这时显现出来，等待比赛的时候，我们跑回合肥一中机器人室，现场修复。

第一轮比赛，机器人圆满地完成了所有难的任务，却在走线上出错，好在有备用程序，我们只损失了50分的流畅加分，落后兄弟学校17分。

第二轮调试，我们好不容易解决了刚才出现的问题，比赛中却出现了另一个走线问题。

第三轮比赛前没有调试时间，所以我们也不敢改程序，结果第三轮比赛机器人出奇地给力，我们取得了单轮的全场最高分。

别人都出错的采购和易货任务，我们没有出现致命性的错误，而走线却屡次出错，走线是最难暴露出来的问题，也是最难改正的问题。因为我们选的线路是很激进的，难度较大，当然，如果顺利完成得分也很高。这种线路要想求稳不出错，必须要计时来打补丁，而时间是需要调试才能得出的。比赛中没有那么多时间去测试时间数据，我们只能靠传感器来校正，传感器的不稳定使我们在调试中没有出现的问题在比赛中暴露出来。

虽然我们的比赛不算完美，但我们的对手同样出现了各种问题，冠军属于出错最少的我们。

（4）国赛。

第十六届中国青少年机器人竞赛，两位队员配合默契，差不多是第一个上场调试的选手，并一次跑完全场。我们的对手也是一遍跑完。第一轮比赛结束，我们已经跑得很漂亮了，拿到了设计的最高分，可还是落后对手近10分的时间分（机器人综合技能比赛中，在所有任务都完成的情况下，用总时间150秒减去所用时间，加计时间奖励分）。第二轮比赛，我们出现了严重的失误。由于赛前官方App显示，我们队三轮比赛都在1号赛台，所以我们调试时只在1号赛台进行了测试。可是第二轮比赛时，裁判突然通知我们去2号赛台。不同赛台的任务摆放方式存在细微的差别，这导致我们的机器人没有正好走到任务所摆放的位置，使得任务失败。更不巧的是，备用程序在下载时出现了错误，导致我们比赛时无法启动，让我们失去了补救的机会。

遭遇了失意的第二轮后，我们对机器人重新进行调试，打了不少"补丁"。第三轮我们发挥得很完美，尽管如此，我们还是比对手慢了2秒。再加上第二轮出现失误，我们只能屈居第二，不过也是全国金牌。

打败我们的队伍，他们和我们采用的是不同厂家的机器人，同时他们还采用3D打印等"黑科技"，设计出了完全不同的方案。尽管没有拿到冠军，对于这个成绩，我们已经心满意足。

5. 结语

不同于学科竞赛，机器人竞赛的侧重点更在于实践，在于如何将所学到的理论知识转化为生产力。很多"学霸"只会解题，遇到实际问题就会束手无策。机器人比赛，就是让我们自己设计方案，发现问题，再制订解决方案，反复试验，不断改进，并最终解决问题。

未来，在"创新驱动""中国创造"等相关政策的支持下，机器人这一高科技产业将持续迅猛发展，为人类带来更多的便利。机器人竞赛只是这一产业的缩影，这个平台为我国制造业、科研事业培养了很多人才。从青少年机器人竞赛走出来的我们，将继续努力学习，为我国机器人事业、科研事业做出贡献！

该作品获得中国青少年机器人竞赛金牌（亚军）、安徽省青少年机器人竞赛冠军、合肥市机器人竞赛冠军。（参赛队员：郭乐凡、何源正；指导教师：汤磊、鲁先法）

7.2.2 创客教育研究成果

火灾环境中，浓烟导致人眼视野缩小，消防员难以及时发现被困人员，同时也容易迷失方向，危及自身安全。现有的消防头盔功能单一，在提高消防员救援效率、保障人身安全等方面存在局限性。因此，设计一种智能化特种场景救援头盔很有必要，《基于视觉slam技术的特定场景救援头盔》正是基于这一现实需求而取得的研究成果。

1.设计思路

我们在头盔上安装红外摄像头和热成像摄像头，利用红外摄像头采集现场环境的图像，弥补夜间光线不足的问题；用热成像摄像头探测周围环境温度，搜索被困人员，如图7-2-20所示。该头盔能在火场中实时定位消防员的位置，并构建火灾现场环境的结构信息。当发现被困人员时，基于深度学习的目标检测算法能自动定位幸存者的位置。消防员佩戴这种头盔进入火灾现场，能充分了解现场环境，在浓烟环境下仍能精准地实施救援。

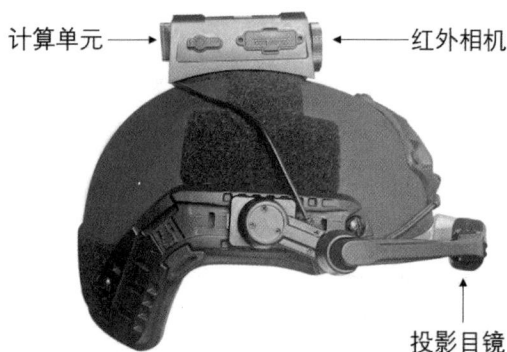

图7-2-20　救援头盔整体结构

2.工作原理

利用同步定位与建图原理、单板机原理，根据图像数据的视差计算图像之间的相对位置关系，同归、累积一段时间的相对位置变化，就能得到消防员相对初始位置的坐标。在估计消防员位置的同时，评估环境中的特征点，计算这些特征点在环境中的相对位置信息，构建出现场环境的结构模型。

同时，在计算单元的后台实时运行基于深度学习的目标检测网络。该网络事先经过大量的数据训练，通过标签匹配和损失函数计算，获取网络的参数配置，并将完整的网络模型部署在头盔端。深度学习网络将自动对每一张输入的红外图像进行目标检测，获得幸存者在图中的位置，并用方框框出。最后，利用光线投射技术将目标投射到同步定位与建图原理构建的地图中，使消防员能更直观地确认目标人员的位置。

3. 制作器材

显示屏支架，显示屏外框（含支撑柱、螺丝），摄像头支架（含支撑柱、螺丝），电源+主机/支架，固定螺栓，电源，树莓派主机，显示屏（含供电线和 HDMI 高清线），红外摄像模组（含线），热成像模组（含线），头盔，Tape-C 供电线，缠绕管，烟雾发生器+电源，其他辅助器材。

4. 制作过程

（1）硬件搭建。

头盔载体：利用 PLA 塑料作为制作头盔的材料，首先在计算机上通过 3D 绘图软件绘制头盔的结构，包括头盔的大小和传感器安装孔位，再用 3D 打印机打印头盔的基本形状。

供电系统：采用 24 V 锂电池供能，并利用降压模块和稳压模块，分别实现对传感器和嵌入式计算单元供电，保障电源输入的稳定性。

主机系统：树莓派主机是程序的主控，设计简单的托架将其固定在头盔上。

传感系统：将红外摄像模组、热成像模组固定在头盔上，并与电源、主机相连。

显示系统：制作显示屏支架，将显示屏固定在支架上并与头盔固定，连接电源及数据线。

（2）算法系统。

硬件安装完毕之后，开始进行算法的配置和调试。利用张正友标定法对红外摄像机的内参和惯性设备的外参进行标定，获得传感器的基本硬件参数。利用红外摄像机采集图像（包括不同时段、气候、环境下的图像），用于深度学习模型训练。

在嵌入式设备中安装 ROS 系统，实现不同传感器数据间的时间同步，从而配置同步定位与建图算法，实现机器人定位和环境建图。最后，整合目标检测和同步定位与建图算法，实现在地图中标注被困人员位置。

5.测试运行

戴上头盔，打开开关，红外摄像头和热成像摄像头正常捕捉对象和画面，并传到显示屏上，画面稍有延迟但不影响正常工作。在黑暗环境中，使用烟雾发生器模拟烟雾环境，利用热成像摄像头能清楚地看到前方的路和物体；红外摄像头能发现远处有一定温度的物体、人等。

6.创新点

①利用红外摄像和热成像技术，可在复杂环境下帮助消防员发现被困人员。引入传感技术，有效提升消防员的救援效率。

②嵌入定位装置，可实时追踪消防员的位置，并构建火灾现场环境的结构信息，避免消防员迷失方向。

③通过定位设备和导航系统确定被困人员的位置，并提供导航指引，帮助消防员快速找到被困人员或火源，实施救援或灭火。

④算法的引入使头盔具备自动识别和定位功能，消防员佩戴头盔进入火灾现场能迅速了解现场环境，快速发现被困人员。

⑤特定场景火灾救援头盔内部配备实时通信设备和实时定位系统，可及时与指挥中心传递、交流信息。实时通信设备可将救援现场的情况反馈给指挥中心，使其及时做出调度和决策，也可实现消防员之间的交流。

7.设想

救援头盔可以进一步搭载各种传感器，用于监测火灾现场的温度、气体浓度等环境参数。优化数据分析和处理技术，对传感器采集的数据进行过滤、筛选和分析，提取关键信息，为消防员提供准确的环境监测和预警信息。增加报警和提醒功能，根据环境监测的结果，提醒消防员规避火灾现场的危险。利用基于深度学习的目标检测算法，自动定位被困人员的具体位置。

8.总结反思

对于学生来说，这是一个令人兴奋且具有挑战性的探索过程。通过实践，学生将自己的想法变为现实，这给予学生极大的满足感和成就感。发明一款智能化产品需要对多项技术进行深入研究和创新，这一过程提升了学生的技术创新能力和解决问题的能力。与老师共同解决技术难题、优化产品设计，这种团队合作的经历提高了学生的协作能力和沟通能力。学生的发明如果能帮助人们提高工作效率、改善生活质量或解决特定领域的难题，对社会产生积极的影响，尤其是保障人们的生命安全，哪怕是极小的作用也非常有意义。

基于视觉slam技术的特定场景救援头盔按创意来源和专业程度分类，属于A类作品，即选题专业性较强，需具备较深厚的专业基础，并在专业实验室或专业机构完成作品。这一作品的完成，充分体现：一是学校的教育理念紧跟时代，创新氛围浓郁，科技创新基础条件良好；二是科技指导教师在信息技术、人工智能等方面具有一定的专业水准；三是学生具有挑战精神，其技术学习能力和运用能力达到了较高水准。

该作品获得宋庆龄少儿发明奖全国银奖、安徽省教育厅"互联网+"创新大赛金奖、合肥市青少年科技创新大赛一等奖。该作品申请了国家实用新型专利，专利发明人：汤磊、袁子荐。（参赛队员：袁子荐；指导教师：汤磊）

7.2.3 科技创新教育研究成果

1.背景介绍

有一天我们一家人去叔叔家做客，听到叔叔跟爸爸讨论，7岁堂弟走路的姿势有一些外八字，这让叔叔一家人很是苦恼，因为这样的走路姿势很不雅观，怕以后会影响堂弟的气质和形象。叔叔向爸爸打听哪里能够治疗。叔叔说，每次和堂弟一起外出的时候，总会随时提醒他，但是只要一不留神，堂弟又会下意识地恢复以前的走路姿势，所以总是起不到效果。看着堂弟很无奈的眼神，我在旁边留心记了下来，打算帮一帮他。回家后我上网查阅了一些八字脚资料，发现问题还真不简单。外（内）八字又叫作足部脚骨外（内）翻，属于下肢骨关节发育畸形的一种。一项城市成年人口的抽样调查结果显示，按照标准判定为八字脚的比例竟高达62.75%，这一结果是相当惊人的。另外，《北京体育大学学报》的一篇文章的调查数据表明，2—6岁儿童的抽样人群中，八字脚的比例只有7.69%，随着年龄的增长，八字脚的比例不断升高。1—3年级学生中，八字脚占比为17.62%，初中、高中抽样人群中占比分别为24.1%和30.7%。到了大学时期，抽样人群中八字脚的比例已经上升到37.23%。比较令人感到惊奇的是，61—75岁人群中八字脚的占比高达93.1%！这些数据告诉我们，随着年龄的增长，八字脚患者不断增加。

关于八字脚的成因，查阅文献资料后，总结有以下几个原因：

（1）传统观念的影响。

老一辈人群中八字脚比例较高，一定程度上受到那个年代健康体态观念的影响，如八字步的走法表现为在舞台（戏台）上大摇大摆，很是"威风"，日常生活中更是"有身份"的表现。因此经常性的"八字"步态导致八字脚。

（2）职业习惯的影响。

八字脚和每个人所从事的职业密切相关，八字脚的好处是支撑面大，站立更加稳定，所以一些需要经常站立的职业便是八字脚的高发行业，比如服务员、教师、护士、理发员等职业人群发生率较高。受地形影响，生活在山地丘陵地区的人行走需要较大支撑面以保持稳定，八字脚发生率较高。

（3）疾病或营养不良等因素。

儿童青少年时期是身体肌骨神经发育的关键时期，腿部力量较弱，此时容易受到疾病影响或者一些习惯形成不良步态和足部畸形。

（4）遗传因素。

一项调查统计显示，抽样的167对八字脚夫妻中，其子女发生八字脚的为123对，占比73.21%。

无论是外八字还是内八字，除了影响身体形态和气质外，对于运动也有着不利影响。在田径运动中，这些运动员的跑步速度、方向性均弱于正常步态的运动员，而且极易发生疲劳与伤痛，特别是弯道疾跑时，踝关节发生损伤的概率非常大。

2.学习与调研

通过网络搜索，我们查到一些应对下肢骨骼发育畸形（八字脚）的矫正装置。国际上有一种很流行的矫正装置，叫作丹尼斯·布朗鞋，如图7-2-21。这种鞋是为八字脚患者特别定制的矫正鞋，两鞋之间有一个连接带，连接带能够调整两脚间的距离和角度，这样就能把脚掌相对锁定在一定位置，在发育过程中起到引导作用，以及治疗和矫正效果。另外，这种矫正鞋在夜间和卧床期间也能进行矫正，因此要求患者在这一段时期内都要穿鞋。另一种矫正鞋和鞋垫采取了另一种方案，在脚掌处设置矫正条，改变脚的受力点，这种鞋子在患者用不正确的步态走路时会对脚底产生刺激，提醒患者切换到正确的步态。这两种鞋子穿习惯以后，步态大概率可以矫正回来。

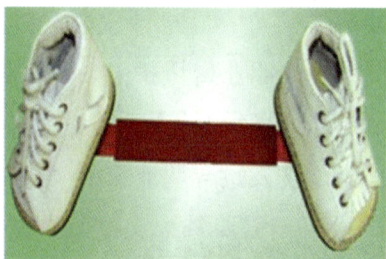

图7-2-21　丹尼斯·布朗鞋

有人想从学步时期就开始让幼儿养成良好的走路姿势，于是发明了一种矫正学步车。该学步车设计了一个矫正轨道，轨道上有用于夹持幼儿跟骨的装置，使其保持在中立位置，这样的位姿能够有效预防脚跟发生偏斜，既起到了学步效果，又矫正了八字脚。还有人觉得步态的矫正需要人性化，不应该强迫患者改变姿势，只需要及时提醒即可。相关企业开发了一种基于表面肌电技术的八字脚检测提醒装置，这种装置将肌电检测和伸缩式腿带相结合，能准确检测人体走路时是否处于八字步形态，使用方便。

主动训练法比如走直线、内外侧交换踢毽子、跳皮筋、游泳、蹬自行车等同样被认为是有效的矫正方式。

但是，这些矫正方式都需要恒心和毅力，每天受着约束去训练往往达不到好的效果。如果能够开发出一种游戏化的训练器材，依据正步直线行走训练矫正原理，提供一种自动摆正脚型并模拟自然行走步态的训练方法，每日定额派发任务，让患者能够可视化地查看自己的训练进度，一定能够大幅提升患者的训练意愿。

我们在健身房里见到过一种踏步机，能够模拟人行走的姿态进行训练，这是一种仿生训练机械，能不能在此基础上进行创新设计呢？踏步机上只有一个踏板，不能保证人脚放的姿势是正确的，所以我们考虑开发一种具有自动夹紧并具有定向功能的自适应人脚踏板，患者做站立姿势的主动训练。另外，患者可能存在下肢肌肉力量不足的情况，所以可以进一步开发一种患者选择坐在椅子上，带动人脚做被动式训练的装置。最后，需要开发一套控制系统，具有人机交互功能，方便用户设置训练计划、训练速度、训练强度、运动信息（心率、步数、速度）监控等。这套设备除了能进行下肢骨骼发育矫正外，还能对下肢受到创伤或疾病导致行动障碍的病人进行康复训练。

根据以上调研与思考，我们开发了"仿生自适应青少年下肢骨骼发育矫正装置"。

3.方案设计

本次制作涉及机械结构、电机传动系统、控制系统、交互系统等四个部分。具体系统架构如图7-2-22所示。

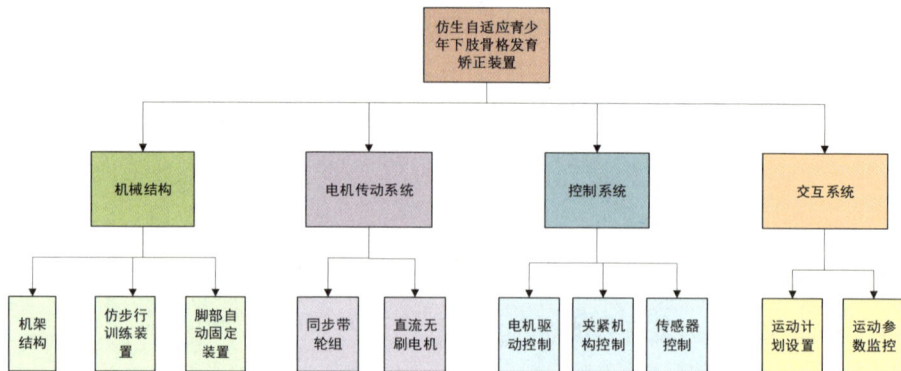

图7-2-22 仿生自适应青少年下肢骨骼发育矫正装置系统

（1）机械结构设计。

①机架结构设计。本装置的主要训练姿势为坐式训练，也可以转变为站立式训练。因此，该装置需要提供一个能够调整位置的座椅，以适应不同人的身高。为了方便改装，本次制作的样机采用了铝型材搭建机架，框架分为座椅部分和底座部分，座椅部分用于安装椅座，而底座部分用于固定直流无刷电机、步行训练装置以及电路控制单元等，如图7-2-23所示。椅座为购买的后背可调节式折叠椅座，利用背胶魔术贴粘贴在铝型材架子上，方便拆卸。座椅部分和机架部分采用SBR直线导轨和滑块连接，滑块可自锁，实现前后调整的功能。

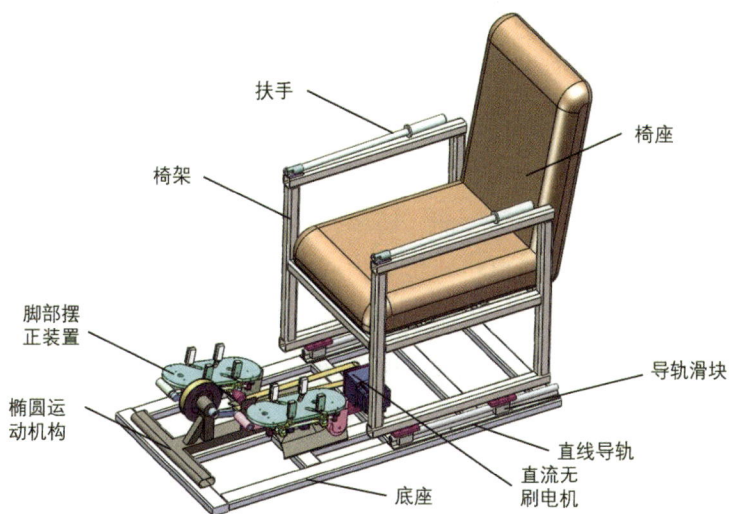

图 7-2-23 机架结构设计

②仿生步行训练装置设计。根据人体动力学分析，在人走路或者跑步时，脚踝部运动轨迹曲线接近于椭圆形，市面上有一种模拟椭圆轨迹的步行训练设备，叫作椭圆机。椭圆机是利用其特殊的机械结构，使脚踏板模拟人踏步的椭圆形曲线运动，这种运动方式更符合人体工程学，对人体骨关节，特别是膝关节冲击较小。椭圆机的常用机构主要有曲柄摇杆式和曲柄滑块式两种，本发明采用了更加紧凑的曲柄滑块式机构，原理图和实物模型见图 7-2-24。

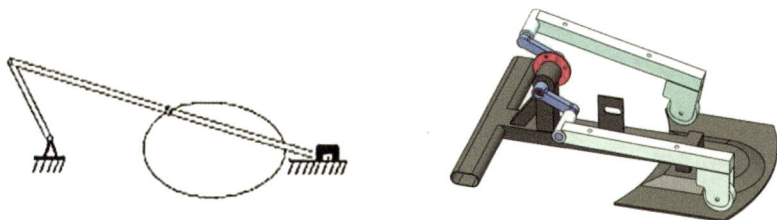

图 7-2-24 仿生步行训练装置形状与原理

③脚部自动固定装置设计。为了能够在运动过程中将脚的朝向固定

于正前方（即矫正的姿势），需要在椭圆机机构上增加固定踏板。现有的健身器材涉及固定脚部的都是采用手动固定带，并不方便，增加了健身前的准备时间。这里自主设计了一套脚部自动夹紧机构，每个脚踏板使用2对夹头固定脚侧面，夹头的一面是高密度海绵，柔软不伤鞋面。每一对均由一个直流电机控制，采用曲柄滑块式机构。人的前后脚掌宽度不一样，所以这两个直流电机是独立控制的。

（2）电机传动系统设计。

①电机的选择。由于本装置需要提供被动训练功能，所以电机是必不可少的。为了实现功能并节约成本，本装置选择了直流无刷电机，额定转速为3 000 r·min^{-1}，人体被动训练最大速度设为70 r·min^{-1}，所以选择了1/17减速器，其余减速功能由带轮承担，驱动器可以实现闭环调速的功能。所选的直流无刷电机和驱动器见图7-2-25。

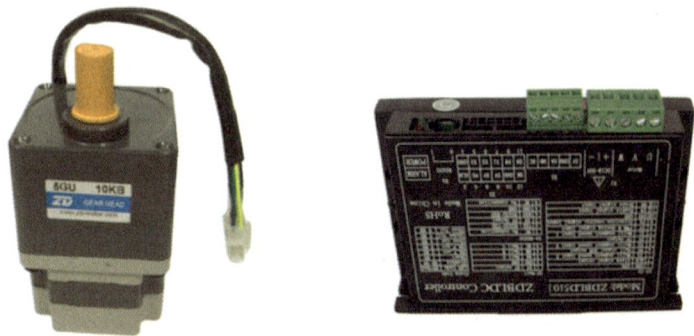

图7-2-25　直流无刷电机与驱动器

②同步带轮组的设计。传动的方式有很多种，比如齿轮、链轮、皮带等。对于本装置而言，需要对传动的安全性、静音性和承载能力均衡考虑。这里选择兼顾传动精确性和承载能力的H型同步带。皮带与带轮的外形如图7-2-26所示。根据同步带选型工具和电机的规格计算，最终选择的两个带轮齿数为14和32，与电机轴的连接选择键连接。

图7-2-26　同步带轮组

（3）控制系统设计。

①电机驱动控制。电机是本装置动力系统的核心部件，占整个系统能耗的90%。本装置主要利用电机实现闭环调速的功能。闭环调速是指电机在负载不断变化时转动速度波动，系统检测到速度反馈变化时，通过增加或减弱相电流来保持目标转速不变。这个闭环调速的过程是由驱动器本身实现的，所以没有必要单独设计调速控制代码，只需要提供目标转速即可。驱动器中目标转速的给定可以通过模拟信号电压、PWM波或者外接电位器来控制，这里我们选择使用STM32单片机来提供PWM波信号。

②夹紧机构控制。夹紧机构是脚部固定装置的执行机构，每对夹头由一个直流减速电机控制，所以需要同时独立控制四个直流电机，直流电机的控制选择L297N模块，见图7-2-27（a）所示。每个模块可以分别控制两路直流电机。为了防止直流电机超程，还需要在每个直流电机的极限位置加装限位开关。使用STM32单片机来给予L297N控制逻辑。

机构在夹紧时，电机的负荷增大，转速变慢，电流增大，所以这里采用检测电机电流的方式来判定机构是否夹紧。检测电流所用到的模块是ACS712模块，能够检测5 A以内的电流，而电机的堵转电流只有1.2 A左右，所以可以稳定检测电流变化，见图7-2-27（b）所示。

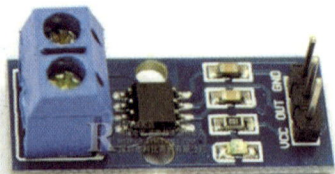

（a）   （b）

图7-2-27　驱动直流电机的L297N电路模块和检测电流的ACS712模块

③传感器控制。本装置为了能够更好地检测运动参数和运行状态，采用了许多功能性传感器，如安装在同步带轮上的磁性传感器，用于检测运动的圈数。上文中为了限制直流电机工作行程用到了限位开关，也是传感器的一种。这些传感器均属于开关性质，利用单片机扫描的方式可以检测其运行状态。

（4）用户交互系统设计。

用户交互系统即App软件，本装置采用更加通用的安卓手机或平板作为交互终端，终端与软件下位机的通信方式选择USB通信，这种通信方式更加稳定且更加方便使用。App的界面关乎用户体验，因此界面设计要直观、简洁、清晰，而且要突出一定的趣味性。App主要实现用户计划训练功能，可以设定训练时间，也可以设定运动速度。在软件的主屏幕下方有一个进度条，能够显示当前的训练进度，当前的运动速度、心率和步数在右侧展示。图7-2-28为App客户端预设界面。

图 7-2-28　App 客户端界面

4.实验分析

由于这次的作品是样机，在铝型材机架搭建完成后，脚部固定装置主要委托有关厂家加工，其余零件通过网购获得，最终组装调试完成的成品如图 7-2-29 所示。图 7-2-30 为产品体验的照片。

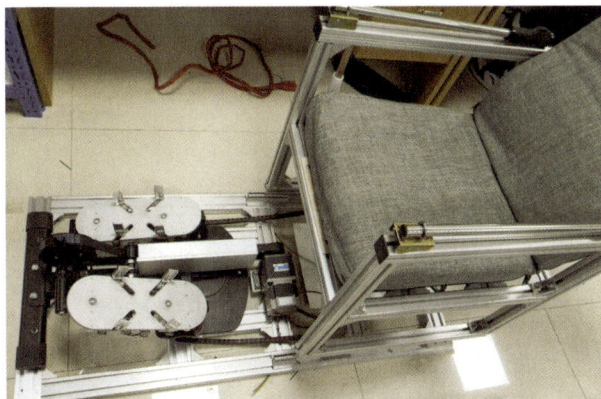

图 7-2-29　样品

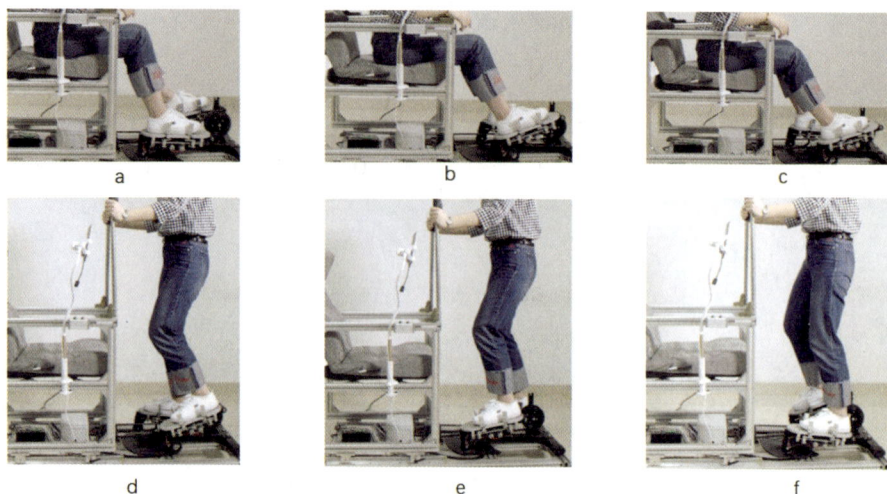

图 7-2-30　产品体验（坐式：a-b-c，站式：d-e-f）

通过一段时间的体验，本装置座椅舒适可靠，且可以根据身高调节前后距离。脚板固定装置可以一键开合，训练起来非常方便。夹块适用脚掌宽度为 60—110 mm，所有被测者均适用，夹紧力度中等，能够将自己的脚掌摆正。通过 App 进行多挡位速度调节、训练时间设定等，被动速度范围 0—70 r·min^{-1}，基本能够满足训练需求。可以自由切换成坐式、站式训练模式，扶手牢固，运动过程平稳，运行噪声小于 50 dB。

5.创新点

（1）依据正步直线行走训练矫正原理，提供一种匡正脚型模拟行走步态的训练设备，同时可实现人体足型的自调整、自适应。

（2）训练装置支持坐式和站立两种训练姿势，拓展了使用环境和范围，保证了训练时间。

（3）可视化的人机交互系统，在保证训练科学有效的前提下，实现操控更加简便，提升了运动训练过程的趣味性。

6.体会与收获

在指导老师的指导和帮助下，仿生自适应下肢骨骼发育矫正装置的结构设计与开发，实现从骨架到产品、硬件到软件的成型过程。在此过程中，学习了很多还未接触到的知识，了解了很多技术、设计方面的技巧以及器械开发过程。

项目开始前，首先进行相关专利和资料的查阅，积累一定的知识。方案确定后，在研发阶段学会使用solidworks进行三维画图，学习电机控制、STM32的嵌入式开发知识以及安卓软件开发的基础技能。

7. 展望与改进

虽然该项目已经制造出了一台样机，但在用户实际矫正训练中，还可能会受到许多未知情况的影响，考验设备的稳定性和可靠性。

该方案有一定缺陷，如外形仍然过于笨重，普通家庭使用会占用较大空间。目前仅仅是样机，很多地方的设计未考虑后期大规模生产的成本，需要进一步优化设计，做到更紧凑、美观。受研发时间限制，软件交互部分功能较少，未来产品软件部分可以开发出闯关类、竞技类等游戏，吸引青少年的注意力，提升青少年的训练兴趣。

该作品入围全国青少年科技创新大赛，荣获安徽省青少年科技创新大赛一等奖、合肥市科技创新大赛一等奖。（参赛队员：杨淑琪；指导教师：汤磊）

小创客的故事

我的创客故事

　　吕潴波，全国中小学电脑制作活动创意智造项目全国一等奖获得者。在同学眼中，他是一个技术素养高、动手能力强的学生，先后参加了学校机器人队、航模社、创客空间活动，是科技活动积极分子。吕潴波同学被北京理工大学录取。

创客这个名词大家可能听说过，但不是很清楚是做什么。"大众创业，万众创新"，国家越来越重视创业，掀起了一波创客运动的热潮。高中阶段的创客，就是用电路、代码以及3D打印技术等制作一些小产品，以方便我们的生活或实现我们的想法。每当写下一行行代码，连接一条条电路，我都被其中的魅力所吸引：我们正用自己的双手创造一个全新的东西。高二上学期的通用技术课上，徐炎老师宣布有一个全国中小学电脑制作活动比赛，感兴趣的同学可以参加。我很喜欢电子制作，就欣然参加了。图1是全国中小学电脑制作活动比赛现场。

图1 全国中小学电脑制作活动现场

比赛分初赛和国赛两部分，初赛要求选手每人制作一件创客作品。我当时的想法是做一台可以模拟真实飞机飞行的无人机，寒假一开始就行动起来。现在回想起那时的制作过程，确实还是比较枯燥的。制作中我经常被一些小的技术问题卡住，不得不花费大量时间在网上查找资料，然后不断调试程序，加班到深夜是家常便饭。废寝忘食地工作了将近20天，经历不断的修修补补和小调试后，我总算完成了一件自己想要的作品，如图2所示。虽然制作过程很枯燥，但看着自己的作品一步步成形，最后成功时那种成就感，是一蹴而就就能完成的事远远不能达到的。这个过程磨炼了我的意志，增强了我完成目标的决心、信心。

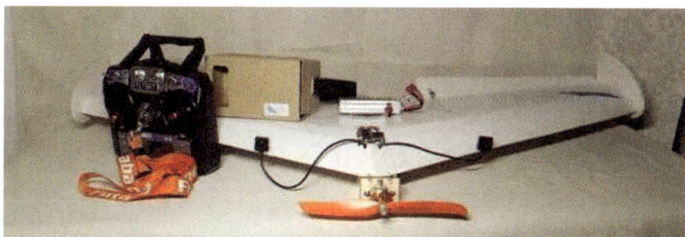

图2 创客作品

随着比赛一步步推进，我的作品过五关斩六将来到全国的比赛现场。国赛和初赛的体验截然不同，面对来自全国的各路强手，我的内心久久不能平静。这些选手，是对手，也是朋友，和志同道合的同学一起比赛是一次难忘的经历。图3是全国决赛现场制作作品。

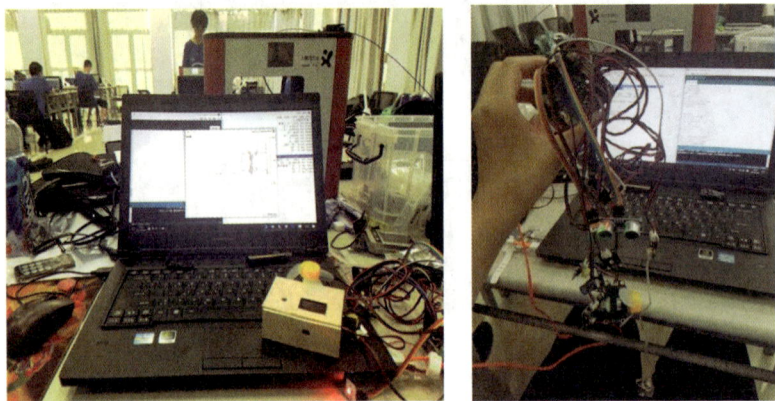

图3　全国决赛现场制作作品

　　比赛的体验很美好，但是比赛开始后的一段时间仍然非常紧张。初赛讲究的是质量，决赛追求的是质量和效率并重，决赛现场要求我们在两天的时间内制作出一件小作品。虽然技术上不及初赛作品复杂，但由于时间紧，工作量依然很大。我强迫自己冷静下来，列出需要做的事情，然后一项项攻破。比赛中，我负责的是软硬件，队友负责机械部分。我们的速度很快，在所有参赛队伍中第一个完成作品。后来的比赛总体上比较顺利，虽然每一天都很劳累，但是一路顺利地走完了全程。

　　一年之后，在大学的自主招生面试中，我被问到增强现实以及一些工程学问题，这些问题都比较考验学生工程学素养。受益于学校良好的科技创新教育，我很流畅地回答了所有问题，面试官看起来非常满意。

　　合肥一中创客空间从无到有、从弱到强，开展了丰富多彩的活动。利用课余时间，通过创客活动不仅可以学到专业知识，还开阔了视野，培养了工程学思维，这是平时课堂上学不到的。自我探索是一种从被动学习到主动学习转变的过程，多学一点技术就能多掌握一点解决问题的能力。不仅如此，制作的过程更是一种对意志的磨炼。

　　现如今，创客空间的设备越来越齐全，3D打印机、控制电路板等应有尽有，为不少想成为创客却不知从何开始的同学创造了良好的环境。
这里，还能遇见志同道合的同学，收获真挚的友谊，科技创新的道路上，
我并不孤单。

机器人用什么打动你

蔡思捷同学获得第十六届中国青少年机器人竞赛金牌（季军），高考成绩全省第七名（706分）。蔡思捷同学学业成绩优异，是科技活动的核心骨干。高考成绩公布时，收到蔡思捷同学的喜讯，由衷地替他高兴，终于可以圆梦了。人缘极好的蔡思捷，时常成为"被开玩笑"的对象，然后露出腼腆的微笑。机器人训练强度不小，但是，蔡思捷同学总是来得早，走得迟，极度认真和专注，交给他事情总是"心里坦坦"的。记得凌晨2点，在夜深人静的中国科学院大学校园里，我们还在争论、优化方案，做最后的努力，已经不知道持续了多少个小时；记得高二作为学长的蔡思捷负责招收和培训新队员，后期繁忙之余还带着学弟学妹一起备战和参加市赛、省赛；还记得比赛意外失利后，我"掩饰"难过、安慰同学之余，晚上意外收到信息"老师，别难过……"的那份感动！

"学霸"很多，蔡思捷只是合肥一中的"学霸"代表之一，我想这和合肥一中这片创新教育沃土密不可分。现撷取蔡思捷同学短文，分享他与合肥一中机器人的故事……

一　是机器人更是文化

要说我与机器人结缘，那是从初中开始的——相信你听说过我们合肥一中的许多队员都是如此，甚至更早，但是这并不意味着成为我们的一员需要怎样的履历或是经验，图1是与同学一起讨论方案。要是让我出一道入队的面试题，我可能仅仅会问："你玩过积木吗？打过电脑游戏吗……"没错，我当初会去玩机器人，只是觉得这个看起来很厉害的玩具可能把我感兴趣的拼装和游戏放到一起了，根本没有考虑坚持、发展之类的问题。

图1　与同学讨论方案

我的机器人之路，与其说是我自己能坚持下来，倒不如说是机器人打动了我。随着跑向机器人室的次数越来越多，我感觉触摸到的东西渐渐超过了机器人本身——喜欢这种感觉，相信我的队友们也是，或许就是这种感觉让我在高中继续这项有趣的活动。图2是省赛现场与汤磊老师合影。

图2　合肥一中机器人队蔡思捷与汤磊老师合影

回想高一开学被朋友们"忽悠"转去VEX，又变成了一个"萌新"，各种规则、经验从头学起，训练中遇到问题急得拿着机器人满场子跑，队长不停地喊："你对机器悠着点，要是把"他"搞不开心了，就更不配合你"，但是我身边的人都很有耐心。大家更喜欢拿问题开玩笑，而不是看成负担，大家互帮互助，让我即使是在几乎绝望的时候也能感受到：我不是一个人在战斗。

随着一步步学习、成长，我们迎来了市赛、省赛、国赛。赛场教会了我们沉稳，无论是面对比赛时的瞬息万变，还是比赛后的输赢欢愁，都是机器人活动给予我们的磨炼。国赛赛场上，我们更是认识了五湖四海的机器人爱好者——尽管拿到一等奖非常高兴，但跟我们的联队一同面对挑战，给我留下了更深刻的印象。图3是第16届中国青少年机器人竞赛颁奖现场。

图3 第16届中国青少年机器人竞赛颁奖现场

团队的拼搏是我的亲身经历，学校的支持和老师的付出我更是感同身受。刚入队时我就面对编程这个重头戏，当时学长临时有事，老师便亲自上阵给我们讲解代码，和我们一起研究程序；高二我渐渐将重心转移到文化课学习，但还是会抽时间参与招新队员、带新人；高三学习之余，偶尔会去机器人室，看看新人训练，和老师聊聊天，从中我深刻体会到机器人队创新文化传承的基因。

我的经历就是许多机器人队友的经历，一位外地联队的队长曾经问我："为什么合肥一中机器人队经常取得那么好的成绩?"一番讨论之后,我看到他们是一队人马孤军奋战,而我们是学长老师协同努力。所以,同学们完全不用担心,合肥一中有最好的同学、老师和平台帮助你成长。

我会永远怀念机器人团队教给我的坚韧不拔与团队精神,带给我欢笑和失落的每一瞬间!

二　是机器人更是青春

北京怀柔,阴晴不定。经过了近一周的奋战,我们赢得了金牌和荣誉,收获了美好的回忆,学会了很多很多。

把玩着手里的"防倒"(机器人部件——防止翻倒),回忆着这场比赛、这段日子、这些人(当然还有我们的机器人)。

感动。还记得一个个周三下午的校本课程,每一次周五晚上的训练,秋冬春夏,淡黄的落叶、皎洁的明月、绵绵的春雨、隐隐的蝉鸣,总有一样伴随着我们——当然,还有那台机器、那些队友。

那台机器。就像看着一个生命的长大和成熟,我们安装它的铝板、拧紧螺丝、编写程序。看着齿轮转动咬合,我丝毫不怀疑它有生命。不同于很多人所认识的那样——机器是冰冷的,有些还是危险的,于是便随意利用,不知休息和维护,出了问题还怪罪于它——事实上,它有它独特的生命形式,需要关心、照料。它似乎能感知周围的变化似的,天气不好它也会罢工;我们的心情不好,它也会出些问题。从脚跛(马达自保)到晕机,从外科手术(换零件)到开颅(拆飞轮),带给我们的,是欢笑和感动。

那些队友——并肩作战、同舟共济、给你支持和鼓励的人。

赛场上,形势瞬息万变,场地抽签总是出乎预料,尽管我"百般抵赖",但,如果没有你们的安慰和支持,我能不能坚持下去,还真是个问题。赛场下,谈笑风生,无论是训练、维修,还是"刷梗"、吹牛,都充满欢声笑语。即使是遇到难题、陷入困境,也能共勉:"没事,肯定能弄好""说不定它今天不开心呢，明天就好。"

青春，渐渐被机器人涂上了色彩。

勇气，直面困难。

本来，我是一个怕麻烦的人，初中的机器人生涯，迷惘而又敷衍，不仅仅是因为经验不足，更是因为缺少勇气，解决问题避重就轻。来到VEX以后（有趣的是，单词VEX的意思是"使烦恼、使苦恼、使生气"），我明白了有些困难一定要敢于面对，敢于尝试——无论是日常检查，还是大修大拆，抑或是编写程序，根本容不得一知半解或半点马虎（在球皮里面收拾零件是一件十分考验耐心的活动）。

克服恐惧。

到了决赛，对手是一个劲敌，简单描述一下——曾经的世界冠军，而且两次打败我们。看到这个对阵表，我不禁捏了一把汗。可是我们的遥控手只是笑笑："大不了就是打不赢嘛！"虽然看不出这位老将的真实想法，但这份面对对手的豁达和勇气，却是永远值得我学习的。

当倒计时响起，比赛尘埃落定，取得胜利的那一刹那，一个声音在我心里响起："没有战胜不了的对手，没有过不去的坎……"

团队。

要说我还学会了什么，那无疑就是团结。想象一下，一台机器人上面伸过去五六只手，乍一看十分杂乱，但大家都配合得很好，效率很高——换电池、紧螺丝、查链条……怎样配合，大家早已烂熟于心，有时候，不需要说话便心领神会。每当出现问题的时候，大家都会用实际行动告诉对方，你不是一个人，还有我们。这是一个团队，带来的就不仅仅是简单的加法效应。比赛之前，谁也没有料到，机器出现了很大的结构故障，大家难免慌乱。但团队精神很快占了上风，拆拆修修、敲敲打打，再加上提前做好的应急方案，很快便解决了问题——这就是团队的力量。赛场下，与队友交流，大家想的都是如何能够配合对方、取得胜利，毫无保留地交流战术和经验。没有争吵，没有分歧；有的，只是信任。

坚守。

很多人会问，高中为什么还要"浪费时间"参加机器人竞赛。这是一句"兴趣所在"就能回答的问题吗？即使没有这块奖牌，我依然无愧、无悔，因为他带给了我太多太多……

天下没有不散的筵席，总有说再见的时候。很羡慕那些一起走过好几个赛季的队友，能够拥有如此多的回忆……如果不能坚守赛场，就坚守自己的机器人梦想！机器人室曾有我的身影。

VEX，不仅仅是机器人。

"基于情感计算的儿童孤独症早期风险预测及实现路径研究"项目研究历程

梁益伟，第34届中国青少年科技创新大赛全国一等奖、高士奇科普奖获得者，入围中国科技创新竞赛国家队，荣获合肥市第17届中国青少年科技创新市长奖。梁益伟同学初中时就参加过青少年科技创新大赛，当时他和同学设计研发了一款让聋哑人"说话"的智慧手套，获得合肥市青少年机器人大赛、安徽省青少年机器人大赛创意组一等奖和全国青少年机器人竞赛创意组优秀奖。初中阶段科技创新的积淀，给了梁益伟挑战难度更大的创新项目的勇气和信心。后来受电影《雨人》的启发，梁益伟又萌发了做一款帮助孤独症儿童早期评估预警的App软件，实现孤独症儿童早识别、早康复的目的。梁益伟同学在科技创新活动中投入很多精力，虽然经历了很多酸甜苦辣，有苦有泪，但收获更多的是快乐，这激励他朝科学家这一目标迈进。

一次偶然的机会，让我打开了科技创新之门。初中二年级上学期，有一次我跟几个朋友一起去合肥市特教学校做志愿活动，看到很多残障儿童由于身体疾病——或不能行，或不能听，或不能语；一些自闭的儿童与社会家庭交流不畅，给他们的学习和生活带来巨大的困难和挑战。平时我喜欢看各种科幻和科普作品，知道在科学技术如此发达的今天，尽管我们还不能完全治好这些疾病，但可以利用科学技术来帮助他们更好地学习和生活。

在老师的帮助和指导下，我开始了服务残障儿童科技创新活动。聋哑儿童没有听觉功能，语言的形成十分困难，聋哑青少年教育只能依赖聋哑学校和专业的聋哑教师，但聋哑教师严重短缺，导致他们很多人无法接受普通学校教育，造成聋哑青少年群体封闭，社会交往欠缺，社会常识贫乏。能让聋哑孩子"说话"么？可不可以设计一款"智慧手套"，能将手语翻译成语音或文字，实现聋哑人与普通人的沟通，不仅手套会说话，聋哑孩子的表达还能在手机 App 云端显示成文字符号，聋哑学生凭借这个设备可以进入普通课堂与老师、同学正常交流。我以前学习过一些机器人编程，对计算机程序有一点了解，合肥是全国智慧语音研发基地，在老师的指导下，我利用科大讯飞提供的语音引擎接口，历经一年多的时间，从产品构思、硬件设计、软件编程、功能测试，经历失败、成功、改进、失败、再成功，山重水复疑无路，柳暗花明又一村，最终我们研发的"易文易语聋哑智慧手套"项目获得合肥市青少年机器人大赛、安徽省青少年机器人大赛创意组一等奖和全国青少年机器人竞赛创意组优秀奖。

初中阶段科技创新的基础和成功，更加激发了我挑战难度更大的创新项目。中国有 1 000 万孤独症患者，每年新增很多儿童患者。孤独症一旦形成，到了少年期和成年期，基本不能完全康复，而提前发现、提前介入治疗是目前最好的方案。孤独症儿童在婴儿期，他们的声音和身体活动就已经有了一些征兆，但是由于父母没有这方面的知识，没有能力发现或没有这方面的意识，等孩子发展成孤独症患者时，已经来不及了。

是否可以利用人工智能对孩子的声音和动作进行判断，为家长提供预警？我和我的伙伴首先在有关孤独症治疗机构进行深入调研，做了数百份调查问卷；请教中国科学技术大学、中国科学院物质科学研究院的教授，研发儿童语音和表情特征抽取的计算机软件模型，通过手机 App 采集儿童语音和面部表情信息，运用云端智能分析和计算，实现特征抽取和模型分析。对照国际 ABC 向量表后，作出儿童孤独症趋势预警。

采得三斤寒水玉，炼成一颗夜明珠。通过不断修改完善，《基于情感计算的儿童孤独症早期风险预测及实现路径研究》项目最终一路过关斩将，获得第 34 届全国青少年科技创新大赛一等奖（金奖），同时还获得高士奇科普奖（科技创新奖）。在第5届中国大学生互联网+创新创业大赛中，获得安徽省金奖、全国银奖。图1是第34届全国青少年科技创新大赛全国决赛及颁奖现场。

图1　第34届全国青少年科技创新大赛全国决赛及颁奖现场

沈思喜且惊，魂交非偶然。科技创新是一个艰苦的过程，科技创新工作更是一份艰辛的工作。一转眼几年的工夫，我先后参加了几个创新项目，包括一项发明专利已经受理并进入实审阶段。投入很多精力，有很多酸甜苦辣，有苦有泪，但更多的是收获的快乐。

主要参考文献

[1]金林祥，李庚靖.论陶行知的创造教育思想及其现实意义[J].华东师范大学学报（教育科学版），2000（1）：77-81.

[2]王祥.陶行知创造教育思想对新课程改革的启示[J].教育探索，2005（7）：14-16.

[3]夏德清.论陶行知的创造教育思想[J].重庆陶研文史，2009（3）：37-41.

[4]郑植."求真知，做真人"——论陶行知创造教育思想[J].文教资料，2009（30）：113-116.

[5]华中师范学院教育科学研究所.陶行知全集：第2卷[M].长沙：湖南教育出版社，1985.

[6]华中师范学院教育科学研究所.陶行知全集：第6卷[M].长沙：湖南教育出版社，1985.

[7]江苏省陶行知教育思想研究会，南京晓庄师范陶行知研究室.陶行知文集[M].南京：江苏人民出版社，1981.

[8]四川教育出版社.陶行知全集 第一卷[M].成都：四川教育出版社，1991.

[9]鲁先法，汤磊.创新是第一动力:合肥一中科技创新课程30年实践[J].基础教育课程，2023（5）：19-25.

[10]王勇，周兴国.特色学校建设的实践探索——合肥一中的案例研

究[J].教育研究，2014，35（8）：156-159.

[11]辛兵.六个层面回答，如何推进"中国式"创新后备人才培养？[EB/OL].（2023-12-01）[2024-03-05].https://mp. weixin. qq. com/s?__biz=Mz-kzNTY5NzkwMA==&mid=2248049955&idx=1&sn=0bf9b2cd161c97f8741e777d21054e68&source=41#wechat_redirect.

[12]林长春.科学教育活动方案设计应注重教育性原则[EB/OL].（2023-11-18）[2024-12-13].https://app. xinhuanet. com/news/article. html? articleId=fb3716ccf3ca369f0af37e7feb20d1a9.